디자인씽킹과 소프트웨어 문제 해결

디자인씽킹과 소프트웨어 문제 해결

예체능

디자인씽킹과소프트웨어문제해결편찬위원회 편

nosvos

머리말

미래를 여는 여러분에게

요즘 대학가에는 코딩 열풍이 불고 있습니다. 많은 대학들은 컴퓨터 코딩에 관련한 교과목을 앞다투어 만들고 있으며 전교생이 듣는 필수 교과목으로 지정하는 경우도 많습니다. 이는 단순히 대학에서만의 모습이 아니라 2018년부터 초·중·고등학교 학생들이 소프트웨어 코딩을 필수적으로 배우고 있습니다. 좀더 시선을 넓혀 보면 기업, 정부기관 등도 소프트웨어 교육을 이미 실시하고 있거나 실시를 계획하고 있는 경우가 많습니다.

소프트웨어 코딩이라는 것이 왜 갑자기 세상의 화두가 되었을까요? 바로 세상이 빠르게 변하고 있기 때문입니다. 인류는 역사상 유래없이 빠른 기술의 발전과 더불어 세상도 변해 가고 있습니다. 매일 새로운 기술들 예를 들어, 빅데이터(Big Data), 인공지능(Artificial Intelligence), 블록체인(Block Chain), 가상현실(Virtual Reality), 생체인식(Biometric), 사물인터넷(IoT: Internet of Things) 등 새로운 단어를 사용하는 기술들이 등장하고 있으며, 이를 기반으로 하는 새로운 제품, 서비스들을 접하고 있습니다. 우리는 단순히 다양한 종류의 새로운 제품이 빨리 나오는 것이 좋다라고 생각할 것이 아니라 왜 이렇게 다양한 제품의 종류가 빠르게 나오느냐에 주목할 필요가 있습니다. 그 기반에는 세계를 연결하는 기반 기술인 인터넷과 모바일이 있습니다. 세상은 이미 인터넷과 모바일을 기반으로 돌아가고 있습니다. 과거 우리의 산업혁명을 이끌던 내연기관 등은 이미 수요가 줄어가고 있습니다. 자율주행차, 전기차, 수소차가 등장했고, 홍채 인식의 스마트폰이 등장했고, 이는 우리의 삶을 새롭게 바꾸고 있습니다.

이렇게 빠르게 바뀌는 세상에서 우리의 현주소를 돌아볼 필요가 있습니다. 세상은 혁신, 융합, 창의라는 키워드가 필요하다고 요구하고 있습니다. 그렇다면 어릴 때부터 컴퓨터, 스마트폰을 가지고 놀면서 자라온 여러분들에게 필요한 것은 무엇일까요? 컴퓨터, 스마트폰을 활용한 정보의 활용? 아마도 아닐 겁니다. 정보를 검색, 활용, 가공, 판매가 너무나 당연시되는 요즘에는 단순히 정보의 활용은 전공에 상관없이 너무나도 당연한 일입니다. 즉 여러분들이 혁신적, 융합적, 창의적 인재가 되기 위해서는 단순한 정보의 검색과 활용만으로는 부족하다고 볼 수 있습니다. 그렇기 위해 정보를 나의 생각대로 표현, 가공할 수 있는 역량을 갖추어야 합니다. 이는 비단 이공계 학생들에 해당되는 얘기가 아닙니다. 비이공계를 전공하는 인문, 상경, 예술, 체육, 사회과학, 법학 등의 전공 학생들도 해당되는 사항입니다.

본 교재는 대학에 입학한 1학년 학생의 창의적 사고와, 컴퓨팅 사고 역량을 키우는 데 그 목적이 있습니다. 대부분의 학생들의 경우 소프트웨어 코딩의 경험이 일부 있을 것이며, 코딩과 컴퓨터 환경에 대한 흥미가 높은 학생은 별로 없을 것입니다. 하지만 이 교재는 대학 신입생의 실제 문제에 기반한 문제 해결 역량과 소프트웨어 코딩 역량 제고를 목표로 하고 있습니다. 따라서 학생들의 흥미를 유발할 수 있는 다양한 활동들과 활동을 기반으로 하는 프로그래밍으로 내용을 구성하였습니다. 프로그래밍 언어도 키보드의 입력보다는 마우스 클릭을 활용하여 코딩에 활용할 수 있는 언어로 선정하여 비이공계 학생들도 쉽게 따라할 수 있는 환경을 구현하였습니다. 따라서 본 교재에서 제시하는 내용을 잘 따라한다면 누구라도 쉽게 프로그래밍을 익힐 수 있을 것이며 좋은 길잡이가 되길 바랍니다.

본 교재의 구성은 다음과 같습니다. 먼저 1부에서는 소프트웨어 코딩과 창의적 사고의 중요성에 대하여 살펴보며 디자인씽킹(Design Thinking)에 대하여 배우게 됩니다. 2부에서는 소프트웨어 언어 기초 코딩에 대하여 배우게 되고 간단한 예제를 통해 실습을 해봅니다. 3부에서는 우리 주변에서 접할 수 있는 다양한 문제들을 디자인씽킹(Design Thinking)을 통해 창의적 아이디어를 내서 풀어보게 됩니다. 4부에서는 문제를 해결하기 위한 창의적 아이디어를 소프트웨어 코딩을 통해 실제 구현(Implementation)을 해보게 됩니다. 이 교재를 통해 창의적 아이디어의 발현과 이를 구현하는 코딩을 경험하게 된다면 여러분들은 기존에 문제를 해결하기 위해 접근하던 방식과 다른 접근 방식을 체득하게 될 것입니다. 3D프린팅, 제품제작, 스케치 등에 코딩이라는 새로운 방식으로 문제 해결 방안을 구현할 수 있게 되어 IT 분야에 대한 자신감을 얻게 될 것입니다.

끝으로 본 교재가 나오기까지 많은 도움을 주신 디자인씽킹과 소프트웨어 문제 해결 편찬위원회, 단국대학교 자유교양대학, 단국대학교 SW중심대학사업단, 단국대학교출판부에 깊은 감사의 말씀드립니다.

목 차

제2부 | 창의적 사고의 발현과 소프트웨어 설계

제3부 | 소프트웨어를 통한 창의적 사고의 구현

제1부

창의적 사고와 코딩

제 1 장

창의적 사고와 코딩이란?

본 장에서는 사회 환경 변화에 따른 소프트웨어 교육의 필요성에 대해 알아본다. 소프트웨어, 프로그래밍 관련 접근 방법과 기술을 활용하는 것이 문제를 창의적으로 활용하는 것과 어떤 연관성이 있는지 사례를 통해 학습하게 된다. 또한 창의적 사고와 코딩 교과목을 학습하기에 앞서 교재의 구성 및 학습할 내용을 확인하고 준비 사항을 이해할 수 있다.

학습 목표

- 변화하는 산업 및 직업 세계, 일상생활과 소프트웨어의 관계를 이해한다.
- 창의적 사고와 코딩의 필요성을 설명할 수 있다.
- 본 교재의 진행 흐름과 학습을 위한 준비 사항을 이해한다.

1. 창의적 사고와 코딩 교과목 개요

본 교과목은 인문, 사회, 상경, 사범, 자연, 예체능 등을 전공하는 SW 비전공 계열 학생들을 대상으로 구성하였다. 과학기술이 급속도로 발전함에 따라 기술, 공학 분야뿐 아니라 경영, 건축, 예술 등 다양한 산업 분야에서 SW 기술을 융합하는 사례가 급증하고 있다. 특히 SW 기술을 효과적으로 활용함으로써 기존에 해결하기 어려웠던 문제들을 창의적이고 혁신적으로 해결하는 사례들이 늘고 있다.

본 수업은 SW 비전공 학생들도 향후 직면하게 될 기술 융합 사회에 대비할 수 있도록 전공 분야 혹은 일상생활에서 겪는 문제들을 주도적으로 발견하고 다양한 해결 방안을 모색함으로써 창의·혁신적으로 문제를 해결해 나가는 경험을 제공하고자 한다. 이를 위해 창의적 문제 해결을 돕는 디자인씽킹 방법론을 토대로 문제 정의 및 아이디어 도출 과정을 거치고, 도출된 해결책 중 SW 기술을 접목했을 때 효과적인 아이디어들을 발전시켜 보고자 한다. 디자인씽킹 단계 중 아이디어의 구체화를 위한 프로토타입 및 피드백 단계에서는 어플리케이션 프로그래밍이나 코딩과 같은 IT 관련 이론을 학습하고 실제 아이디어를 구현해 보고자 한다.

2. 변화하는 사회와 요구되는 핵심 역량

"전 세계 사회, 산업, 문화적 르네상스를 불러올
과학기술의 대전환기는 시작됐다."

–클라우스 슈밥(Klaus Schwab, 세계경제포럼 회장)

Klaus Schwab

2016년 1월에 스위스 다보스에서 열린 세계경제포럼(World Economic Forum, WEF)에서 클라우스 슈밥은 인공지능, 로봇, 바이오, 나노기술, 사물인터넷, 빅데이터, 드론, 자율주행 자동차, 3D 프린팅, 가상현실/증강현실 등 첨단 기술의 활용으로 기존 산업 영역 간 경계를 허무는 '4차 산업혁명'의 시작을 선포하였다. 발전된 기술을 활용하여 산업 영역을 아우르는 융·복합적 시도는 생산성을 높이고 인간의 삶의 질을 높여줄거라는 기대감을 주었다.

한편, 2016년 3월 구글의 알파고와 이세돌 9단의 바둑 대결은 컴퓨터가 넘보지 못하는 영역일거라 여기던 복잡한 사고, 문제 해결 능력을 인공지능 로봇이 대체할 수도 있겠다는 위협과 두려움을 안겨주기도 했다. 2017년 구글에서 선정한 유망한 미래학자 토머스 프레이는 '2030년까지 소멸되는 대표적인 직업 100개'를 예측하였는데, 그 중 자율주행차의 등장으로 연간 124만 건의 교통사고가 크게 감소해 관련 직업인 택시, 트럭, 버스 등의 운전기사 작업군이 소멸하고, 교통경찰, 판사, 변호사, 대리운전 및 주차장 직원 등의 일자리가 줄어들 것이라고 예측하였다.

4차 산업혁명의 미래

〈표 1-1〉 2030년까지 소멸되는 대표적인 직업 100개와 파괴적 기술

현재 직업을 소멸시키는 파괴적 기술	소멸되는 직업
자율주행차	택시·버스·트럭기사, 우편배달부, 교통경찰, 판사, 변호사, 주차장 직원, 대리운전기사, 세차장 직원
드론(무인비행기)	택배기사, 음식 및 피자 배달, 우편 배달, 해충구제 서비스, 토지 현장 측량사, 지질학자, 긴급구조요원, 비상구조대원, 소방관, 경비원
3D프린트	보석, 신발 등 산업 디자이너, 건축, 건설, 자동차, 우주항공 노동자, 치과 및 의료산업 노동자, 토목공학자, 기계 기술자, 물류창고 직원
3D빌딩 프린트	목수 등 건설 노동자, 홈-리모델링 노동자, 도시계획가, 주택보험사, 부동산 전문가, 부동산중개사
빅데이터	기자, 저자 및 소설가, 군사기획관, 암호 전문가, 영양사, 다이어트 전문가, 방사선과 의사, 회계사, 경리, 변호사, 법률사무소 직원
인공지능	이벤트 기획사, 피트니스 트레이너, 통번역 전문가, 고객 서비스 전문가, 교사
로봇기술	소매점 직원, 계산대 점원, 외과의사, 약사, 수의사, 경비원, 미화원, 해충구제 및 산림 관리자

사회의 변화 속도가 빨라진 만큼 직업의 '흥망성쇠'의 주기도 빨라져, 앞을 내다볼 수 있는 혜안은 아직 직업을 택하지 않은 대학생들에게 필수적이다. 그러나 빠르게 변화하는 사회 속에서 아무리 훌륭한 미래학자라 하더라도 미래의 유망 직업을 정확하게 예측하기란 쉽지 않다. 이제는 미래의 유망한 직업을 찾기보다는 미래에 필요한 역량이 무엇인지 따져 보아야 한다. 앞으로 미래를 살아가기 위해 인간으로서 갖추어야 할 역량은 무엇일까?

UNESCO 21세기 세계교육위원회가 발표한 보고서(Delors Report)와 OECD의 '핵심 역량 정의 및 선정' 프로젝트 보고서에서 21세기에 노동

에 요구되는 핵심 역량이 도출되었다. 21세기에 요구되는 핵심 기술로 첫 번째는 일상생활에서 핵심 기술을 적용시키기 위한 기초 문해 능력(Fundamental Literacy)으로 수학, 과학, 정보통신, 금융과 같은 지식을 얻고 활용할 줄 아는 능력, 두 번째는 실제 직업 세계에서 마주하게 될 복잡한 도전을 하기 위한 역량으로서 창의성, 비판적 사고, 문제를 인식하고 새롭고 혁신적인 해결책을 도출하는 능력, 의사소통 및 협력 능력, 세 번째는 학생들이 변화하는 환경에 적응하기 위한 인성 측면의 자질로 창의성, 주도성, 도전 정신, 적응력, 리더십, 과학 및 문화에 대처하는 자세가 꼽혔다. 21세기에 요구되는 이러한 필수 기술들 가운데 본 수업은 대학생으로서 준비해야 할 역량으로 두 번째 기술, 즉 복잡한 도전 사항들에 대처하기 위해 필요한 능력으로 **창의성, 비판적 사고 및 문제 해결 능력, 의사소통 및 협력 능력** 함양에 집중하여 학습하고자 한다.

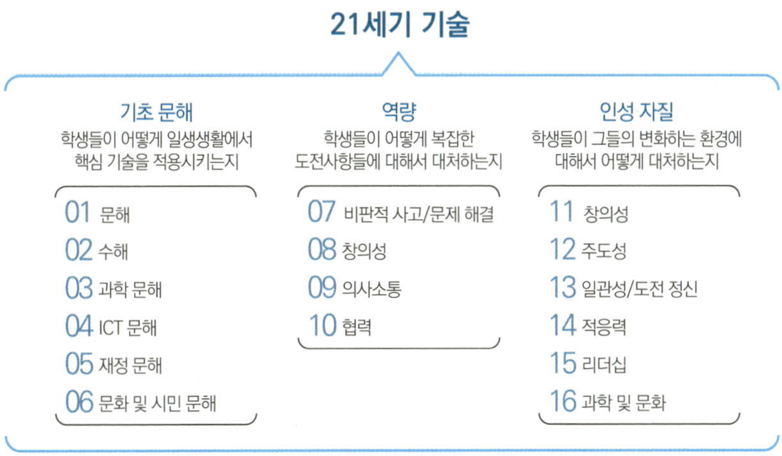

〈그림 1-1〉 21세기 가장 핵심적인 16가지 스킬(세계경제포럼, 2015)

3. 창의적 사고와 코딩의 배경과 필요성

우리가 한 학기 동안 본 교과목을 통해 학습하게 되는 내용은 창의적 사고와 코딩이다. 본 교과목의 교육 목적은 앞에서 언급한 대학생으로서 21세기에 갖추어야 할 필수 역량인 창의성, 문제 해결 및 비판적 사고력, 의사소통 및 협력 능력을 기르는 데 있으며, 특히 창의적 문제 해결력을 키우기 위한 훈련 과정을 통해 이러한 주요 역량들을 함양하고자 한다.

그렇다면 구체적으로 창의적 사고란 무엇일까? 창의적 사고란 다양한 관점과 새로운 질문이라고 정의할 수 있다. 다음의 사례를 통해 살펴보자.

창의적 사고와 코딩

"다양한 관점과 새로운 질문"

〈그림 1-2〉 창의적 사고와 코딩의 이해

엘리베이터를 처음 만들었을 때에는 속도가 굉장히 느려서, 이용자들의 불만이 많았다고 한다. 엘리베이터의 속도를 빠르게 하려면 시간과 기술

〈그림 1-3〉 창의적 사고의 사례

그리고 비용이 많이 들기 때문에, 이 문제는 백화점처럼 고객들의 반응에 민감한 회사에 상당한 골칫거리였다. 창의적 사고의 시작은 바로 이 부분에서 새로운 질문을 던져보는 것이다. 속도를 높이는 것만이 고객의 불만을 해결하는 방법일까? 그 외에 다른 방법은 없을까? 하고 말이다. 그 후, 해결책에 대한 다양한 관점의 의견을 수용하면서 최적의 문제 해결 방법을 찾는 것이다.

이 사례에서 찾은 해결책은 엘리베이터 안에 거울을 설치하는 것이었다. 이용자는 엘리베이터를 타면 자연스럽게 거울 속 자신의 모습을 살피게 되고, 거울을 보는 사이 어느새 목적한 층에 도달하게 된다. 거울을 보느라 엘리베이터가 느리다는 것을 느낄 새가 없어진 것이다. 이 사례는 기업의 경비를 절감하면서 이용자들의 불만까지 해소할 수 있었던 일석이조의 창의적인 사고의 사례라고 할 수 있다. 정리하자면, 창의적인 사고란 직면한 문제에 새로운 질문을 던져 봄으로써 다양한 관점에서 새로운 문제 해결 방법을 찾아내는 것이다.

〈그림 1-4〉 창의적 사고의 사례

이 장에서는 학습자들이 창의적인 문제 해결을 모색하고, 실생활에 적용할 수 있는 방법으로 프로그래밍 즉 코딩을 학습한다. 일상생활에서 경험하는 불편함을 새로운 질문과 시각으로 접근해 보고, 소프트웨어나 어플리케이션으로 해결할 수 있는 방법을 기획할 것이다. 그러면 우리는 여기서 궁금증이 생길 것이다. 왜 "코딩(Coding)"인가? 라는 것이다. 우리나라는 2018년도부터 초등학교·중 학교에서 소프트웨어 교육을 의무화하기 시작하였다.

Mark Ellibt Zuckerberg

소프트웨어 교육의 의무화는 우리나라뿐만 아니라 세계적인 추세이다. 최근에 소프트웨어 교육을 강화한 나라는 영국으로 2014년 9월부터 코딩 수업을 필수 과정에 포함시켰다. 일본은 2009년에 이미 소프트웨어 교육을 필수 과목으로 지정하였고, 핀란드는 2014년에 '코디코울루'라는 코딩학교를 전국적으로 확대하였다. 또한 마이크로소프트 회장 빌 게이츠, 메타 CEO 마크 저커버그 등 내로라하는 글로벌 정보통신기업(ICT) 기업의 CEO는 SW 교육의 중요성을 강조하며, SW는 사회 전반에 접목돼 다양한 산업에서 새로운 가치를 창출할 것이라 주장한 바 있다.

이처럼 개인과 국가의 미래를 위해 코딩의 중요함이 강조되고 있는 가운데 메르세데스 벤츠 회장인 디터 제체(Dieter Zetsche)는 "자동차는 이제 가솔린이 아니라 소프트웨어로 움직인다"고 하였다. 우리는 미디어나 뉴스를 통해서 자동차 시스템으로 산업의 미래를 만날 수 있다. 드라마나 영화에 나오는 자동차는 무인 시스템으로 움직인다든지, 스스로 알아서 제어를 한다. 이것이 바로 소프트웨어의 힘이다. 이제 우리는 디터 제체의 말대로 결국 가솔린이 아니라 소프트웨어

(출처: EBS Culture 코딩, 소프트웨어 시대-조용한 혁명)

〈그림 1-5〉 코딩의 개념

가 자동차 산업의 미래를 이끌어 가리라는 것을 예측할 수 있다.

일본의 문부과학성의 토모토 노부는 코딩을 "어떤 문제를 해결하기 위한 절차와 방법을 가르치는 컴퓨터 사이언스"라고 정의했다. 즉 어떤 문제를 해결하기 위한 절차와 방법이라면 우리는 이것을 배워 실생활에 활용해야 한다.

우리는 일상생활 속에서 실제로 여러 가지의 소프트웨어를 만나게 되는데 이것 역시 코딩의 결과물이라고 할 수 있다. 음료수 자판기에 돈을 넣거나 신용카드를 댄 후 여러 종의 음료수 중 하나를 선택하면 자판기에 '선택한 음료수로 이동해서 그것을 꺼내와라'는 명령어가 내려진다.

그러면 자판기는 내려진 명령어에 따라서 그 음료수를 기기 밖으로 내보낸다. 엘리베이터도 마찬가지다. 어떤 버튼을 누르냐에 따라 몇 층으로 올라가겠다, 내려가겠다라는 것이 코딩으로 구현된다. 우리가 이용하는 앱스토어나 구글플레이 같은 곳에서 프로그램을 다운받는 것과 판매하는 것 역시 소프트웨어(코딩)로 운영되는 프로그래밍 즉 코딩의 결과물이다. 게임도 마찬가지고 소셜 네트워크, 페이스북, 트위터, 인스타그램 등도 역시 코딩에 기반을 두고 만들어진 것이다. 그리고 최신 가요의 음악을 들을 때 스트리밍 서비스를 받는다면 그것 역시 소프트웨어(코딩)의 결과이다.

일상생활에서 느낀 불편한 문제를 소프트웨어를 직접 개발하여 해결한 사례가 있다. 그 예로 버스가 언제 오는지를 늘 궁금해하던 한 학생이 버스 도착 예정 시간을 알려주는 앱을 개발한 사례가 있다. 또한 스마트폰 한글 자판 입력이 불편하여 더블키보드를 고안한 사례도 있다. 이처럼 일상생활에서 불편한 것을 코딩을 통한 소프트웨어 개발로 코딩을 해서 개선하는 예를 쉽게 찾아볼 수 있다.

우리는 일상생활에서 이미 코딩의 결과물을 누리고 있으며, 실제로 코딩으로 새로운 문제를 해결하고 있다. 요즘의 신세대를 두고 '디지털 네

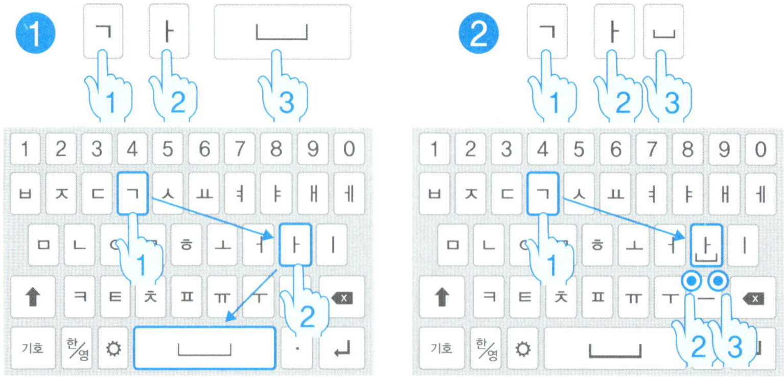

〈그림 1-6〉 "가␣"를 하는 두 가지 방법

이티브'라고 한다. 이들은 태어날 때부터 이미 이런 디지털 환경을 접하고 성장하였다. 이들을 일컬어 '디지털 원주민'이라고도 한다. '디지털 네이티브'로, '디지털 원주민'으로 살아가기 위해서는 코딩이 필요하다. 코딩을 통해서 우리는 앞으로 마주하게 될 문제를 새로운 관점으로 해결할 수 있을 것이다.

문제 해결에 대한 아이디어를 설계하고 실제로 작동하는 프로그램으로 만들어봄으로써, SW 비전공자들인 학습자들의 관점을 넓힐 수 있다. 우리나라를 포함해서 미국, 영국, 일본 등은 이미 소프트웨어의 중요성에 대해서 인식하고 교육과정에 정책적으로 반영하고 있다. 정부의 정책뿐

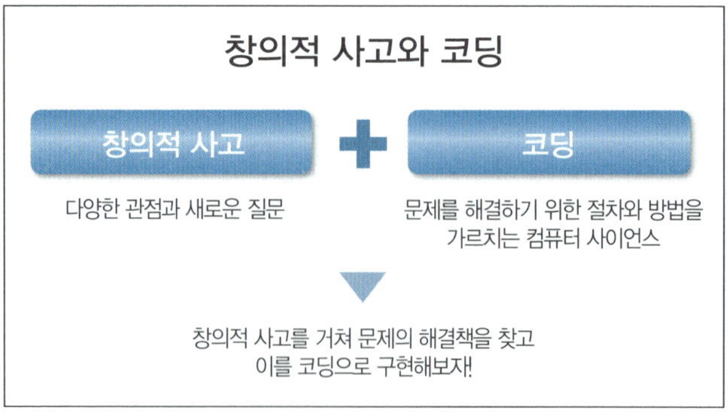

〈그림 1-7〉 창의적 사고와 코딩 개요

아니라 비즈니스 환경에서도 소프트웨어 및 프로그래밍의 중요성은 상당하다(전자신문, 2015). 자동차, 의료, 제조, 예술, 농업 등 다양한 산업 분야에서 소프트웨어가 사용되고 있으며, 많은 분야에서 소프트웨어가 비즈니스 혁신을 이끌고 있다. 이러한 비즈니스 환경 변화를 반영하여 본 교재는 학습자들이 소프트웨어의 작동 원리를 이해하고 실제 어플리케이션을 만들어 볼 수 있도록 구성하였다.

〈그림 1-8〉 학습자 준비 사항

본 교재에서 학습자에게 요구하는 태도는 문제에 대한 새로운 관점의 질문, 일상생활에 적용되어 있는 소프트웨어를 생각해 보는 것, 적극적으로 인터랙션에 참여하는 마인드, 팀워크 등이다.

첫 번째, 본 수업의 창의적 사고를 위해 새로운 관점과 호기심 그리고 새로운 질문들이 필요하다. 즉, 공감을 통해 문제를 정의하고 새로운 관점에서의 질문이 필요하다.

두 번째, 소프트웨어(코딩) 관점으로 일상생활을 보는 것이다. '어떤 부분을 소프트웨어로 만들어 주면 좋겠다.', '어떤 부분이 코딩으로 구성되어 있을까?', '저 부분은 소프트웨어로 만들어져 있는 것인가?' 등 이런 생각을 해보는 게 코딩 관점으로 일상을 보는 것이다. 그리고 이러한 관점의 확대와 연습들을 통해서 여러분들은 새로운 애플리케이션을 만들어 볼 수 있다.

세 번째, 무엇보다 중요한 것 중 하나는 팀워크이다. 이 교재는 팀 활동을 전제로 구성되었으며, 수업 역시 팀 활동으로 진행된다. 따라서 효과적인 수업 성과를 얻기 위해서는 팀원 각자가 자기 주도적으로 팀 활동에 적극 참여해야 한다.

이외에도 이 교재를 제대로 활용하기 위한 학습 환경으로 기본적으로 PC 혹은 노트북 등을 갖추어야 한다. 학교에서 진행되는 강의 중에는 실습실에서 프로그래밍 환경을 사용할 수 있다. 가정에서는 본인이 사용하는 PC와 노트북이 있어야 이 수업에서 다루는 코딩을 원활하게 익히고 활용할 수 있다.

활동 1-1

학과		학번		이름	

'EBS 특집 4차 산업혁명 위기인가 기회인가' 동영상을 보고 미래 산업, 직업의 변화에 대한 의견을 자유롭게 적어 보자.

동영상 링크 : https://www.youtube.com/watch?v=U3f7YBJRBe0

활동 1-2

학과		학번		이름	

하루 일과의 흐름에 따라 우리 주변에서 소프트웨어에 의해 변화된 생활 방식(모습)을 작성해 보자.

(예: ARS 상담원 → 눈에 보이는 디지털 ARS, 은행창구에서 은행업무 → 스마트폰, 인터넷 뱅킹)

이전 모습		현재 모습
	→	

활동 1-3

학과		학번		이름	

[활동 1-2]에서 정리한 현재 모습을 하루 일과 시간 순서에 따라 떠올려 보고 어떤 소프트웨어를 사용하는지 정리해 보자.

시간 →

	아침	점심	저녁
하루 일과			
사용하는 소프트웨어 이름 및 기능			

제2장

소프트웨어와 DAA씽킹

창의적 문제 해결력을 요구하는 시대의 변화에 따라 창의적 사고를 바탕으로 아이디어를 소프트웨어로 구현할 수 있는 과정에서 필요한 사고들 - DAA씽킹(디자인씽킹Design Thinking, 알고리즘씽킹Algorithm Thinking, AI씽킹Artificial Intelligent Thinking)에 대하여 학습한다. 디자인씽킹으로 창의적 사고를 하고, 알고리즘씽킹을 거쳐 소프트웨어로 해결 방안을 구현하고, 융합을 통해 자신의 아이디어를 확장할 수 있는 AI씽킹이 적용된 사례를 통해 문제 해결 방법에 필요한 사고 과정에 접근할 수 있다. 이 장을 통해 학습자들은 전체 사고 과정 중 [창의적 사고와 코딩] 교재에서 학습할 디자인씽킹의 필요성을 이해한다.

학습 목표

- 창의적 소프트웨어 개발을 위한 DAA씽킹 사고의 필요성을 이해한다.
- DAA씽킹이 적용된 사례를 통해 각 사고 과정의 개념 및 사고 과정 간 연관성을 이해한다.
- 우리 일상생활에서의 DAA씽킹이 활용된 사례를 찾고 각 사고 과정과 연관 지어 설명할 수 있다.

1. DAA씽킹이란?

1장에서 살펴본 것처럼 소프트웨어 교육은 창의적인 문제 해결력을 높이기 위한 것이다. 창의적 문제 해결력에는 문제를 해결하는 것뿐 아니라 문제를 만들어 내는 것도 포함된다. 문제(Problem)란 현재 상태와 바라는 상태 간의 간격(Gap)이 발생할 때 생긴다. 즉, 현재 상태에서 더 나은 상태 혹은 완전히 개선되기를 바라는 부분이 있다면 '해결하기 위한 문제(Problem)가 있다'고 볼 수 있다.

아인슈타인은 "문제를 만들어 내는 것이 때로는 문제를 해결하는 것보

〈그림 2-1〉 일반적인 문제 해결 과정

다 더 본질적인 것이다"라면서 새로운 문제를 제안하는 것의 중요함을 강조했다. 현재 과학자와 공학자들의 가장 큰 숙제는 좋은 연구 문제를 만들어 내는 것이다. 좋은 연구 문제를 만들고 문제 해결의 가능성을 탐색하고 구체적인 전략을 세워(알고리즘 설계와 코딩) 문제 해결을 위한 과정을 순환적 또는 비선형적으로 반복한다.

문제의 예를 들어보자. 내가 있는 위치에서 목적지까지의 경로는 알지 못하지만 목적지를 찾아가야 하는 것이 나의 문제다. 이를 해결하려면 지도를 보면 된다. 하지만 지도를 보면서 모르는 곳을 찾아가는 것이 그리 만만치 않다. '길을 잘 아는 사람이 옆에서 알려주면 좋을 텐데…'.라고 생각하는 순간 수많은 새로운 문제가 탄생한다.

- 길을 잘 아는 사람처럼 로봇(지금의 내비게이션)이 길을 알려줄 수는 없을까?
- 그럼 로봇이 길을 인식하려면 무엇이 필요할까?
- 나의 위치와 목적지의 위치를 알려면 무엇이 필요할까?(인공위성과 GPS의 원리)
- 사람처럼 언어로 경로를 안내해 줄 뿐 아니라 지도처럼 눈앞에 잘 보이도록 할 수 없을까?
- 경로가 여러 가지 있다면, 어떻게 선택할까?(최단 거리와 최단 시간의 문제 등)
- 도착할 때까지의 거리와 시간을 알 수 있을까?

이렇게 문제 해결을 위한 과정을 살피다 보면 세 가지의 사고의 연결 고리를 찾아볼 수 있다. 먼저 세 가지 사고에 대하여 알아보자.

• DAA씽킹의 세 가지 사고

多	다	DAA
많다 낫다, 뛰어나다 많게 하다 두텁다	남거나 빠짐없이 모두 행동이나 상태의 정도가 한도에 이름	Design Thinking Alogorithm Thinking AI Thinking

DAA씽킹 교육 실현으로 컴퓨터과학 기본 개념과 원리, 컴퓨팅 기술을 바탕으로 실생활 및 다양한 학문 분야의 문제를 창의적이고 효율적으로 해결하는 능력과 태도의 함양.

〈그림 2-2〉 DAA씽킹의 의미

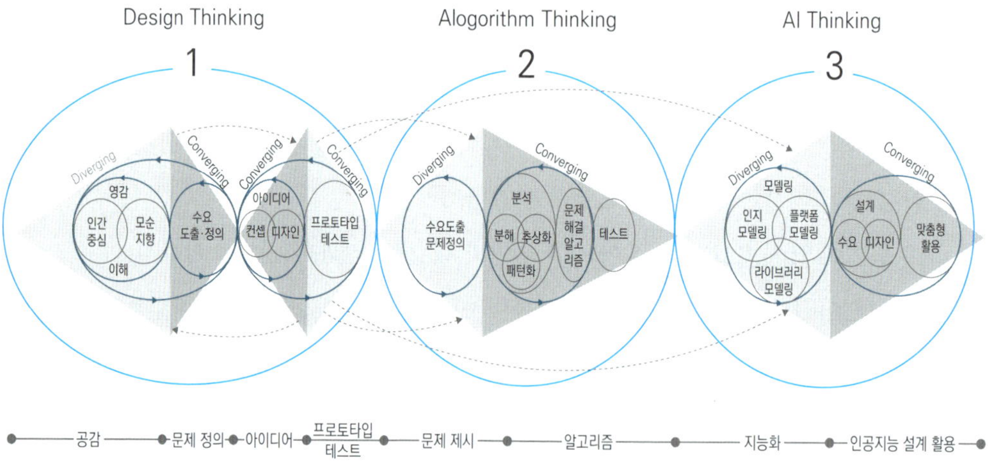

〈그림 2-3〉 DAA씽킹 프레임워크

첫 번째 사고는 디자인씽킹(Design Thinking)이다. 사용자의 불편함에 공감을 하고 문제의 근본 원인을 찾아 문제를 재정의하고 이를 통하여 창의적인 문제의 해결책을 제시하는 사고 방법이다.

이렇게 공감으로 시작하여 문제를 정의하는 사고가 바로 디자인씽킹이다.

■ 디자인씽킹 문제 예시

- ‘길을 잘 아는 사람이 옆에서 알려 주면 좋을 텐데…….’
- ‘길을 잘 아는 사람처럼 장비가 길을 알려 줄 수 없을까?’
- ‘말로만 알려줄 뿐 아니라 눈앞에 지도로도 보여 주면 편하지 않을까?’
- ‘도착할 때까지의 시간과 거리를 알려주면 좋을 텐데.’

디자인씽킹은 실제 사용자를 중심으로 이면에 숨겨진 해결해야 할 진짜 문제를 파악하고, 발산하고, 수렴하는 통합적 사고를 통해 창의적으로 문제를 해결해 나가는 총체적 사고 방식 과정이라 할 수 있다.

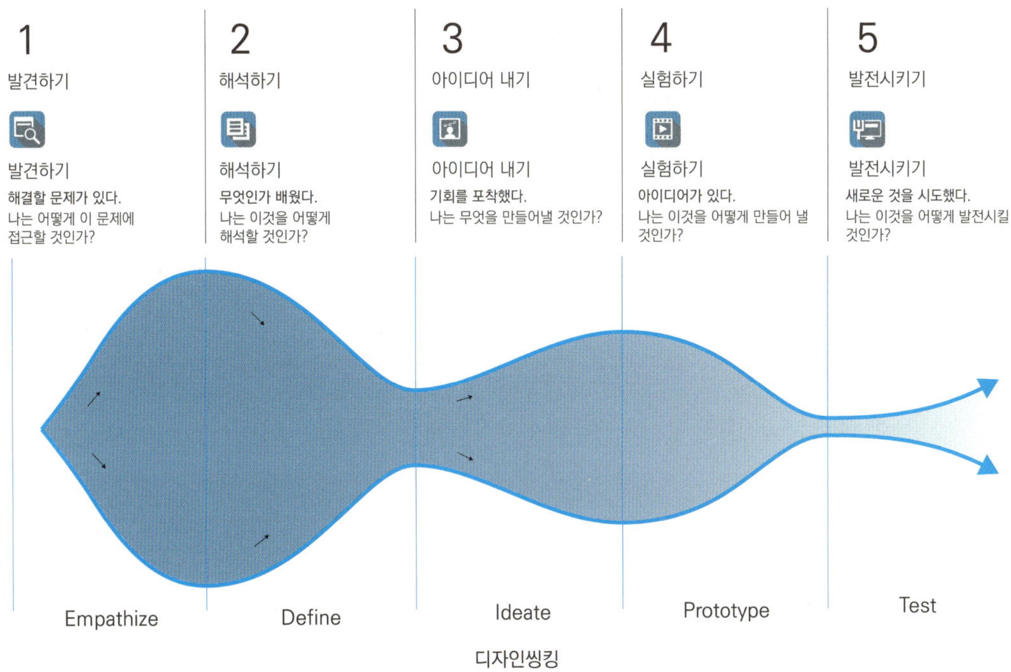

〈그림 2-4〉 디자인씽킹 단계(문제 해결을 위한 총체적 사고 과정)

두 번째 사고는 알고리즘씽킹(Algorithm Thinking)으로 컴퓨팅 사고 기반의 논리적 사고 절차이다. 컴퓨팅 사고라는 것은 ‘컴퓨터처럼 생각하는 방법'으로 생각하면 이해하기 쉬울 것이다. 첫 번째 단계의 공감을 통해 나온 문제 해결안들을 구체적인 소프트웨어로 개발하기 위한 컴퓨터적 관점에서 여러 가지 논리적 절차를 생각하고 실행하는 단계이다.

즉, 문제 해결안을 프로그램과 시스템으로 개발하기 위하여 컴퓨터적 관점에서 논리적 절차를 생각하고 실행하는 단계가 알고리즘씽킹이다.

■ 알고리즘씽킹 문제 예시

- '길을 잘 아는 사람처럼 길을 안내해 주기 위해 시스템을 만들기 위한 절차는?'
- '길을 알려줄 때 최단거리로 알려주기 위한 절차는?'

알고리즘씽킹은 문제를 해결해 나가는 데 있어 필요한 절차에 대한 명확한 정의를 통해 솔루션을 얻는 방법이다.

세 번째 사고는 AI씽킹(Artificial Intelligent Thinking)이다. 컴퓨팅 사고 기반의 알고리즘씽킹과 디자인씽킹의 결합이 AI씽킹이다. 이것은 새로운 관점으로 문제의 본질을 바라보고 다양한 아이디어에 대한 가능성을 열어두는 창의적사고를 기반으로 하되, 알고리즘씽킹에서 고안한 논리적인 해결안들을 결합함으로써 혁신적인 해결책으로 나아가는 확장적 사고이다.

■ AI씽킹 문제 예시

- 두 번째 알고리즘씽킹의 문제 해결의 결과물인 '길 안내 시스템'에서 더 나아가 '신호 위반, 후방 안내 시스템'을 결합하는 새로운 관점의 접근법임
- 신호 위반, 후방 안내를 위해 신호를 자동으로 감지하는 센서 및 정해져 있는 수치 이상이 감지되면 경고음을 올리는 자동화 기술이 포함될 수 있음

AI씽킹은 컴퓨팅 사고를 바탕으로 구현되는 지능화된 기능을 활용하여 새로운 관점의 문제 해결 접근법을 모색해 나가기 위해 필요하다. AI씽킹은 인간의 인지적 모델링과 기계의 지능적 체계의 모델링을 바탕으로 나타나는 특성이며, 인공지능-플랫폼을 기반으로 기계 학습 모델링을 구축하고 그에 따른 추론과정을 거쳐 세상을 인지하는 사고이다.

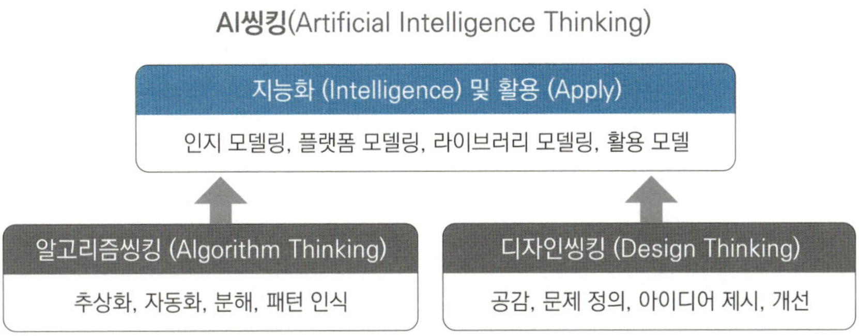

〈그림 2-5〉 DAA씽킹

다음 예를 통해 DAA씽킹의 사고 과정을 살펴보자.

■ 문제 상황

예전에 아이들이 뛰놀 수 있는 다양한 시설들이 있었다. 하지만 실외 놀이터의 위험성 때문에 많은 부모들이 실내 놀이터를 찾게 되었다. 그런데 아이들의 인구가 점차 감소하면서 실내 놀이터 역시 도산 위기에 놓이게 되었다.

좋은 해결 방법이 없을까?

1) 디자인씽킹

사용자의 불편에 공감하고 해결 방안을 모색하는 사고이다.

① (현재 상태) 실내 놀이터에 아이들이 없다.
② (목표 상태) 실내 놀이터를 활성화하도록 한다.
③ (불편 사항) 실내 놀이터는 아이들만 이용하기 때문에 부모나 청소년은 함께 놀 수 없어 불편하다.
실내 놀이터에서는 아이들을 봐줘야 한다는 생각 때문에 피곤함이 몰려온다.
④ **(해결 방안) 연령대에 상관없이 놀 수 있는 공간을 만들면 된다. → 어린아이/청소년/어른이 놀 수 있는 공간 배치**

2) 알고리즘씽킹

컴퓨팅 사고 기반의 문제 해결 절차를 나열하는 것으로 소프트웨어로 수행할 수 있는 최적의 문제 해결 방법과 절차를 고안하는 수렴적 사고이다.

① (현재 상태) 실내 놀이터에 아이들이 없다.
② (목표 상태) 실내 놀이터를 활성화하도록 한다.
③ (문제 원인) 어린아이와 청소년 어른이 다 같이 놀 수 있는 공간을 배치했기 때문에 놀이 공간이 복잡할 수 있다.
④-1 (문제 해결을 위한 조건 제시) 인원수 제한 / 2시간 체험 시간을 주기
④-2 (출력 화면) 입장 인원을 실시간으로 카운팅하여 보여주기

④-3 (해결 방안) 티켓을 판매할 때마다 카운팅할 수 있는 알고리즘을 만들어 프로 그램을 개발

3) AI씽킹

디자인씽킹과 컴퓨팅 사고 기반의 알고리즘씽킹을 결합하여 새로운 문제를 발견하고 이를 해결하기 위해 최적의 기술을 융합함으로써 창의적이고 혁신적인 해결책으로 발전시키는 사고이다. 문제 상황의 현재 상태와 목표 상태 간 차이를 가장 효과적으로 좁히기 위한 과정으로 새로운 관점에서 문제를 다시 바라보는 시도와 최적의 알고리즘 및 방법을 찾기 위한 다양한 분야의 지식 및 기술이 요구되기도 한다.

① (현재 상태) 실내 놀이터에 아이들이 없다.
② (목표 상태) 실내 놀이터를 활성화하도록 한다.
③ (해결 방안) 디자인씽킹과 알고리즘씽킹을 결합하고 컴퓨터의 지능화된 기술(AI)

소프트웨어 교육은 궁극적으로 AI씽킹 함양에 목적을 두지만 디자인씽킹과 알고리즘씽킹에 대한 이해와 훈련이 체계적으로 선행되어야 한다. 이에 본 교과목은 우선적으로 DAA씽킹 중 첫 번째 사고인 디자인씽킹(Design Thinking)에 초점을 두고 학습하고자 한다.

2. DAA씽킹 적용 사례

2019년 인텔은 인공지능 사회를 대비한 교육 활동으로 Intel AI 4Youth 프로그램을 제공하였다. 창의적 문제 해결을 위해 문제 발견 과정에서 문제 상황을 충분히 들여다봄으로써 문제의 근본 원인에 초점을 두고자 하였으며 이를 해결하기 위한 해결책을 알고리즘화하고 실제 개발물로 발전시켰다. 다음 '에너지 절약을 돕는 인공지능 스위치' 예는 프로젝트의 한 사례이다. DAA씽킹을 적용하여 우리가 한번쯤 고민해 봤을 법한 일상생활 속 문제를 창의적으로 해결한 사례를 살펴보자.

사례 1

에너지 절약을 돕는 인공지능 스위치 'AI EG(Energy Guard)'

프로젝트 개요: 빈 교실에 쓸모없이 낭비되는 전력 손실을 줄이기 위해 인공지능으로 교실 내부의 사람 수를 확인하여 자동으로 전력을 차단해 주는 인공지능 에너지 절약 시스템을 만든다.

문제 발견: 방과 후에 학교 안을 보면 아무도 없는 교실과 컴퓨터실에 컴퓨터나 에어컨 등 전자기기가 켜져 있는 모습을 자주 볼 수 있다. 아무도 없는 곳에서 필요 없는 전력이 낭비되고 있었고, 특히 에어컨은 온실가스를 계속 배출하여 환경에도 매우 좋지 않다고 생각했 다. 그래서 교실 상황을 관찰하고 어떤 경우에 전력을 차단하면 좋을까를 고민하다가 사람수를 기준으로 기기들의 전원을 꺼 주는 방법이 있을까라

는 생각에 이 프로젝트를 하게 되었다.

〈그림 2-6〉 컴퓨터 모니터가 켜져 있는 빈 교실 장면

해결 방법 제안: 1) 인공지능이 실시간으로 사람을 인식하고 사람의 수를 계산하여 사람이 없음을 자동으로 판단한다. 2) 사람이 없음이 판단되면 자동으로 에어컨이나 컴퓨터의 전원을 차단시킨다.

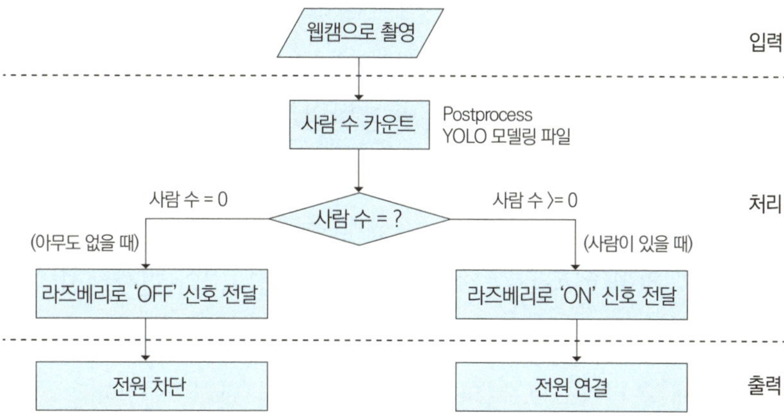

〈그림 2-7〉 컴퓨터 모니터가 켜져 있는 빈 교실 장면

사례 2

졸음 방지 인공지능 시스템 개발 'AI for Road Safety'

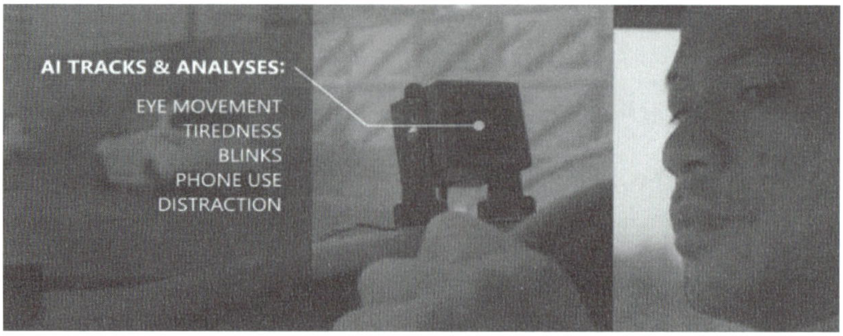

〈그림2-8〉 졸음 방지 인공지능 시스템

태국에서는 매일 66명의 사람들이 교통사고로 사망한다고 하며, 이는 세계에서 가장 높은 사망률이라고 한다. 이러한 교통사고가 나는 이유를 분석하기 위해 운전자들을 오랜 시간 관찰하여 운전자들과 사고가 나는 원인에 대한 통계 결과를 분석 해본 결과 졸음운전이 가장 큰 원인이라는 것을 알 수 있었다. 이러한 교통사고를 줄이기 위해 태국의 한 회사에서 인공지능 기술을 활용하고 있다. 인공지능 기술을 이용하여 운전자의 눈동자 움직임, 눈의 깜빡임, 핸드폰 사용 여부, 피로도, 산만도 등을 분석하고 추적한다. 이상 징후가 있을 때는 1차적으로 차 내에서 자동으로 경보가 울리고, 경고가 울리면 차에서 내려서 졸음 등을 해결하기 위한 행동을 하게 된다. 그리고 매니저와 연락해서 확인을 받아야만 한다. 이를 위해 본사 매니저는 운전자 인공지능 시스템을 이용하여 전체 운전자를 모니터링하고 관리해야 한다. 인공지능 기술을 이용하여 이 회사는 4,000명이 넘는 직원의 안전을 확보하고 도로의 교통사고 발생률을 계속해서 줄여 나갈 계획이라고 한다.

*참고 영상: https://www.youtube.com/watch?v=CEv2GkaSDIY

다음은 창의적인 문제 해결을 위해 기술을 효과적으로 활용한 AI씽킹이 적용된 사례이다. 졸음 방지 인공지능 시스템은 혁신적인 기술을 접목시킨 사례로도 주목받았지만, 문제의 근본적인 원인에 접근하고 이를 효과적으로 해결하기 위해 문제를 겪는 사람 중심에서 접근하여 해결했다는 점에서 혁신적인 사례로 꼽히고 있다.

사례 3

COVID-19 응대전화 'AI Call'

COVID-19와 같은 국가적 재난 상황에서 인공지능은 24시간 7일 내내 증상 의심과 관련한 민원 전화를 받았습니다.

〈그림2-9〉 인공지능 민원 전화 처리 서비스

네이버와 성남시가 도입한 코로나19 인공지능(AI) 능동 감시 시스템 '클로바 케어콜'이 3개월 동안 단 한 건 오류만 기록한 것으로 나타났다. AI를 활용한 모니터링, 콘택트센터 운영이 효과적임을 입증했다.

네이버는 성남시와 운영한 '클로바 케어콜 시스템'이 3개월 동안 1만 3,000건 통화를 기록했다고 19일 밝혔다. 네이버에 따르면 클로바 케어콜 시스템을 운영하는 동안 음성 예측 오류는 한 건이었다. 모니터링 대상자가 코로나19 증상을 보고했지만 케어콜이 이를 확인하지 않은 양성 예측 오류(FP) 사례가 한 건 발생했다. 99% 이상 확률로 환자를 걸러 낸 셈이다.

네이버에 따르면 클로바 케어콜 시스템은 성남시에 필요한 코로나 19 능동 감시 모니터링 수요 1/3을 담당했다. 통화 중 끊는 비중은 14.6%. 연결 장애는 7.3%로 낮은 수준 유지했다. 인공지능과 사람 간 대화가 대부분 원활하게 이뤄졌다는 뜻이다.

*참고 자료: https://www.etnews.com/20200717000186

활동 2-1

학과		학번		이름	

여러분은 거주하는 지역에서 교통사고가 가장 많이 발생하는 장소(지점)에서 교통사고율을 줄여야 하는 문제를 해결해야 한다. 어떻게 해야 할까? 이것을 DAA씽킹의 단계로 나누어 해결 방안을 찾아내시오.

디자인씽킹(공감으로부터 시작하여 문제 해결)

알고리즘씽킹(논리적인 구체적 절차를 통한 SW 해결)

AI씽킹(새로운 문제 발견하여 해결)하기 위한 최적의 기술 융합

활동 2-2

학과		학번		이름	

요즘 몇몇 우리 대학의 1학년과 2학년 학생들이 불만이 있다고 한다. 선배들이 와서 팀 과제를 수행할 스터디 룸을 사용하지 못하게 하기 때문이다. 선배들은 후배들이 팀 과제를 수행하는 중에 와서 못하게 하고 그 자리에서 선배들의 팀 과제를 한다. 어떻게 이 상황을 해결할 수 있을까?

디자인씽킹(공감으로부터 시작하여 문제 해결)

알고리즘씽킹(논리적인 구체적 절차를 통한 SW 해결)

AI씽킹(새로운 문제 발견하여 해결)하기 위한 최적의 기술 융합

활동 2-3

학과		학번		이름	

여러분이 대학 생활에서 겪었거나 겪게 될 여러 가지 불편한 경험을 생각해서 해결 가능한 다양한 방법을 제시해 보시오.

디자인씽킹(공감으로부터 시작하여 문제 해결)

알고리즘씽킹(논리적인 구체적 절차를 통한 SW 해결)

AI씽킹(새로운 문제 발견하여 해결)하기 위한 최적의 기술 융합

제3장

창의적 사고로 문제 해결하기

창의적 사고를 요구하는 시대적 변화에 대하여 살펴보고 창의적 사고 방법인 디자인씽킹을 학습한다. 시대와 사회 환경의 변화에 따라 4차 산업혁명은 대량 생산에서 사용자 1인을 타깃으로 하는 1:1 맞춤형 생산 방식으로 변화하였다. 산업 환경의 변화에 따라 제품이나 서비스에 대한 사용자의 참여와 이들에 대한 이해는 더욱 중요해지고 있다. 만인만색 사용자의 필요에 맞추고, 사용자의 만족도를 높이고, 기업이 경쟁력을 갖추기 위해서는 다양한 분야의 융합적 지식과 창의적 사고가 필수적이다. 이번 장에서는 창의적인 문제 해결 방법으로 디자인씽킹을 학습한다. 디자인씽킹의 정의, 프로세스, 구성 요소, 사례를 통해 학습자들은 디자인씽킹에 대한 이해도를 높일 수 있다.

학습 목표

- 산업 환경이 대량 맞춤 생산 방식으로, 소비자 중심으로 전환되고 있음을 이해한다.
- 창의적 문제 해결을 위한 디자인씽킹 프로세스를 설명할 수 있다.
- 디자인씽킹의 구성 요소를 설명할 수 있다.

우리는 일상생활에서 많은 문제들을 겪으며 생활한다. 여러분과 같은 대학생 이라면 "이번 학기에 어떤 동아리에 가입할 것인가?", "이번 여름방학에 어디로 놀러갈 것인가?", "내일 아침에는 어떤 대중교통을 이용하여 학교에 올 것인가?"와 같은 문제를 두고 큰 고민을 하든지, 고민을 하지 않든지간에 문제에 대한 답을 내면서 살아가고 있다.

여러분들은 일상에서 겪는 문제에 대한 답을 어떻게 해결하는가? 모르는 문제라면 어떻게 해결하는가? 해결되는 형태로는 무수히 많은 방법이 있겠지만 다음과 같은 유형으로 나누어볼 수 있다. 첫째로, 어떤 방법을 통해서 찾아보는가? 책을 통해서, 인터넷 검색을 통해, 선배들에게 물어봐서 해결할 것이다. 둘째로, 아이디어는 어떻게 생각하는가? 나만의 생각 또는 친구와 같이 생각하여 아이디어를 찾을 것이다.

사실 그날그날 우리는 생각하는 대로, 문제를 찾는 대로, 자료를 검색하는대로 그 해결 방안을 생각하고 있다. 우리는 창의적으로 문제를 해결하는지 생각해 볼 필요가 있다. 아마 그 누구도 나는 창의적으로 문제를 해결한다고 대답하기는 쉽지 않을 것이다. 이는 바로, "천재적인 머리", "예술적 감각", "그날의 컨디션" 등에 따라 우리의 아이디어는 다르게 나타나기 때문이다. 그러나 다행이도 창의적으로 문제를 해결하는 것은 특정인만이 하는 것이 아니다. 학습을 통해 누구나 할 수 있다. 따라서 이번 장에서 우리는 디자인씽킹으로 창의적인 사고력을 키울 것이다.

일반적 문제 해결 과정은 문제에 이론이나 첨단 기법을 적용하는 경우가 많다. 그러나 참신한 소프트웨어 개발은 사용자의 불편(아픔)에 공감하는 것부터 시작하여 해결 방안을 모색하는 과정에서 이루어지는 경우가 많다. 즉, 디자인씽킹은 문제를 따뜻하게 바라보는 휴머니즘적인 접근법이다. 또한 디자인씽킹은 상황을 이미지로 그려보면서 구체적으로 생각하는 방법이다.

1. 디자인씽킹이란?

디자인씽킹(Design Thinking: DT)란 '디자이너처럼 생각하는 방법'으로 디자이너들이 최종 결과물을 만들어 내기 위해 모든 과정 속에서 생각하고, 조사하고, 분석하고 아이디어를 도출하여 만들고, 실행한 후 평가와 피드

"**Design Thinking** is a **human-centered** approach to innovation that draws from the **designer's toolkit** to integrate the needs of **people**, the possibilities of **technology**, and the requirements for **business** success."

Tim Brown, CEO of IDEO

"디자인씽킹(Design thinking)은 **사람 중심**의 혁신적 접근 방법으로써, **사람들의 수요, 기술적 가능성, 비즈니스 성공**을 위한 요구를 통합하기 위한 디자이너의 툴킷에서 도출된 것이다."

Tim Brown, CEO of IDEO

〈그림 3-1〉 디자인 사고의 개념 정의

백을 거치는 일련의 사고 과정을 의미한다.

더욱이 4차 산업혁명에서 지속적인 혁신을 위해서 창의적 사고에 접근하는 방법 즉 창의적인 문제 해결 방법론으로 디자인씽킹이 각광을 받고 있다. 혁신적인 사업 방식으로 잘 알려진 IDEO는 작은 회사지만 사용자의 경험에 초점을 두어 좋은 디자인을 정의하고 만들어 감으로써 지속적인 혁신을 주도해온 회사이다. IDEO의 CEO인 팀 브라운(Tim Brown)은 "디자인씽킹은 사람 중심의 혁신 접근 방법으로서 사람들의 수요, 기술적 가능성, 비즈니스 성공을 위한 요구를 통합하기 위한 디자이너의 툴 킷에서 도출된 것이다."라고 정의한다.

즉, 디자인씽킹은 능동적으로 문제를 해결하고 영향력 있는 변화를 극대화하기 위해 고안한 창의적인 문제 해결 방법론이다. 디자인씽킹은 미국 스탠포드 대학교(Stanford University)에 의해 학문적 토대가 마련되고 많은 연구가 진행되었다. 스탠포드 대학교에는 디자인씽킹 전담 교육 기관인 "d.School"이 있으며, 이 곳에서 디자인적 사고를 학생들에게 널리 전

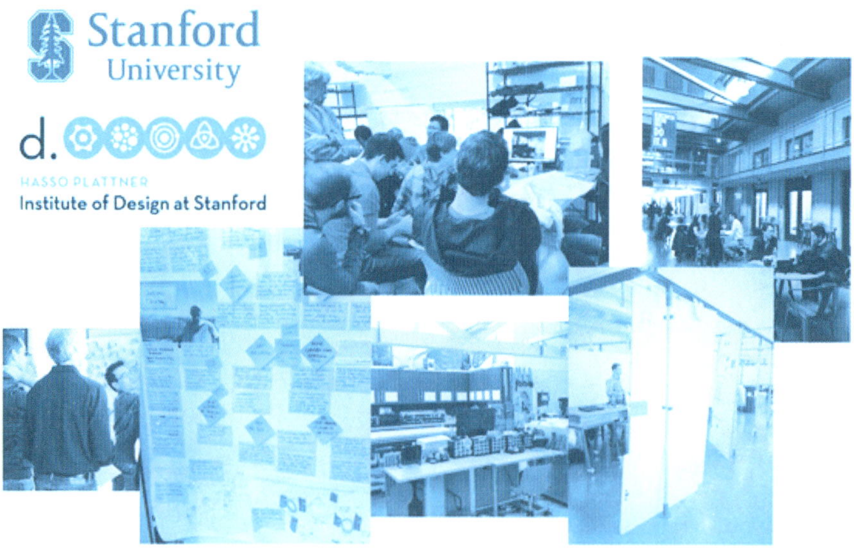

〈그림 3-2〉 스탠포드 대학교 d.School의 모습

파하고 있다. 본 교재에서 다루고자 하는 디자인씽킹의 개념 및 프로세스 들은 스탠포드 대학의 방법론에 근거하여 발전시킨 것이다.

2. 디자인씽킹-프로세스 5단계

디자인씽킹 과정은 '모든 사람은 다 디자이너이다.'라는 생각을 바탕으로 공감, 문제 정의, 아이디어 만들기, 모형 제작, 테스트의 과정을 거쳐 진행된다. 각각의 과정은 지속적으로, 상호 간에 피드백을 통해 순환적인 형태로 진행된다.

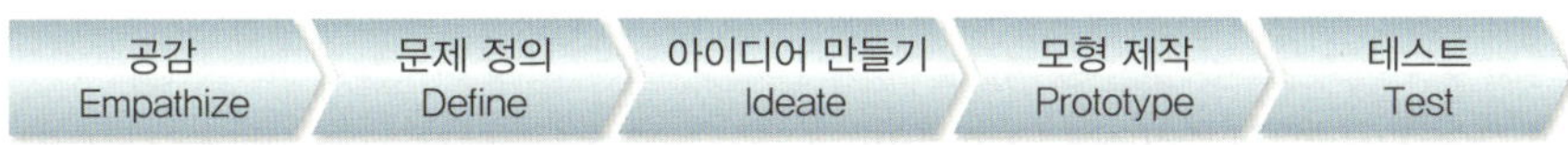

상호간 피드백을 동해 순환적인 형태로 진행

〈그림 3-3〉 디자인 사고의 5단계 프로세스

디자인씽킹 과정은 '사람 중심'의 창의적 생각과 태도이다. 그렇기 때문에 '나'와 '너'를 이해할 수 있는 공감에서부터 출발한다. 또한 문제의 해답을 찾는 것이 아니라 가장 적합한 답을 찾는 여정이다.

① 디자인씽킹 1단계(공감)

디자인씽킹의 첫 단계는 "공감(Empathize)"에서 시작된다. 문제의 중심을 사람에 두고, 사람에 맞춰서 문제를 바라보는 것이다. 공감이라는 단계는 왜 필요한 것일까? 대상이 지닌 문제를 이해하기 위해서이다. 창의적인 사고의 첫출발은 창의적인 사고를 하기 위한 대상에 대한 명확한 이해에서부터 출발한다.

② 디자인씽킹 2단계(정의)

디자인씽킹 두 번째 단계는 "정의(Define)"이다. 공감 단계에서 관찰한 결과나 인터뷰 등을 통해 문제의 본질을 정의하는 것이다. 도출된 문제 중에 가장 핵심적이고 본질적인 문제가 무엇인지를 찾아내는 것이다.

③ 디자인씽킹 3단계(아이디어 만들기)

디자인씽킹 세 번째 단계는 "아이디어 만들기(Ideate)"이다. 이 단계는 최적의 해결책을 도출하는 단계로 토론, 브레인스토밍 등 협업을 통해 문제를 해결할 다양한 아이디어를 도출할 수 있다. 다양한 아이디어를 확보하고 이 아이디어들을 연결, 조합, 변형, 수정하여 최적의 아이디어를 선별한다.

④ 디자인씽킹 4단계(프로토타입)

디자인씽킹 네 번째 단계는 "모형(Prototype) 제작"이다. 이 단계는 앞서 도출된 아이디어를 실제로 보고 만질 수 있는 모형으로 제작해 보는 것이다. 만들어진 모형을 통해 아이디어가 머릿 속에만 있을 때는 알 수 없었던 문제들을 도출하고 보완하는 과정을 거치게 된다. 모형은 짧은 시간 안에 실체를 만들지만 반복 과정을 통해 최적의 솔루션으로 개선하는 과정이다.

⑤ 디자인씽킹 5단계(테스트)

다섯 번째 단계는 "테스트(Test)"이다. 이 단계에서는 만들어진 제품을 실제 적용해 보는 것이다. 테스트 단계를 통해 제품의 완성도가 있는지, 경제적 관점에서 경제적 타당성을 갖췄는지, 기술적으로 대량 생산이 가능한지 등을 테스트할 수 있다. 관련 동영상 시청을 통해 좀 더 넓은 이해를 갖출 수 있다.

3. 디자인씽킹 문제 해결 사례

1) MRI 사례

여러분들은 어릴 때 병원에 가본 기억이 있는가? 아마 즐겁고 유쾌한 기억을 가진 사람은 거의 없을 것이다. 특히 어린이들은 자기공명영상법(Magnetic resonance imaging: MRI) 촬영 전 거대한 기계 앞에서 엄청난 걱정과 공포감을 느낀다. MRI 촬영을 하기 위해 부모와 떨어져서 밀폐된 공간에 간호사와 들어가고, MRI 촬영 시 움직이면 안되지만 어린이들은 기계에서 나오는 소음 등으로 인해 공포감을 더 느껴 움직이기 마련이다. 이런 이유로 70~80%의 어린이들이 MRI 촬영 전에 진정제를 투여한다. 촬영 후에도 어린이들은 두려움을 지닌 채 촬영실을 떠나게 된다. 다시는 그런

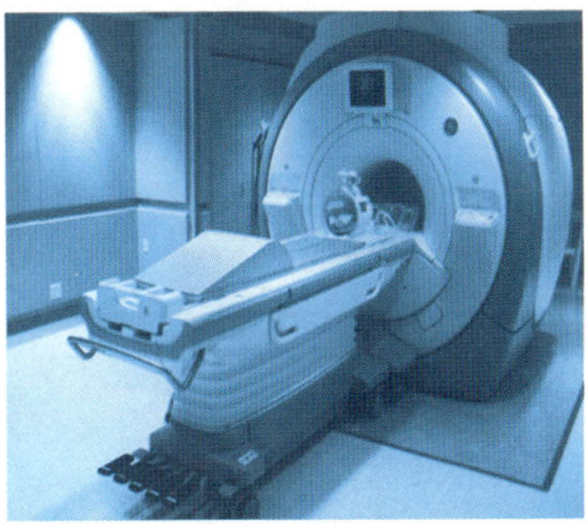

〈그림 3-4〉 MRI 기계와 어린이의 모습

두려움을 경험하고 싶지 않을 것이다. 이는 어린 환자뿐 아니라, 그들의 가족에게도 불쾌한 경험으로 남을 것이다.

① 공감(Emphasize)하기

더그 디츠(Doug Dietz)는 GE(General Electric)사(社)의 헬스 케어 부문의 수석 디자이너이다. 그는 MRI 기계를 설계하고 개발하는 자신의 일에 대단한 자부심을 갖고 있었다. 하루는 새로 개발한 MRI 기계가 사용되는 모습을 지켜보고자 병원에 있었다. 젊은 부부와 아이가 MRI 촬영을 위해 대기하는데 아이가 울면서 MRI 촬영을 거부하는 모습을 보고 충격에 사로잡혔다. 이때 그는 무엇인가 잘못되었다는 사실을 직감하였다. 자신은 엔지니어로서 최고의 기술을 집약하여 병을 정확히 진단하는 MRI 기계를 만드는 데 모든 역량을 집중했지만 정작 촬영 대상자인 어린이의 사용 환경에 대해서는 한 번도 고민해 본 적이 없었기 때문이다. MRI를 촬영하는 어린이들은 암과 같은 심각한 질병을 가지고 있는 경우가 많다. 더그는 환자인 어린이와 가족들이 질병으로 인해 힘들어하는데 병원에서조차 이런 공포와 싸워야 한다는 그들의 고통을 공감하고 디자인씽킹을 통해 해결책을 모색하기 시작했다.

〈그림 3-5〉 공감 단계를 통해 문제의 핵심을 찾은 더그 디츠

② 문제 정의(Define)·아이디어 만들기(Ideate)

더그와 그의 팀에서는 우선 아이들이 걱정하는 시점이 언제부터인가를 분석하였다. 아이들은 MRI 기계를 보는 순간부터 공포를 느낀다는 것을 알 수 있었다. 더그는 아이들이 좋아할 만한 환경을 제공해야 겠다고 생각하고 아이디어 세션을 통해 부모와 아이들이 좋아하는 탐험 시리즈를 물어보았다.

(출처: https://challenges.openideo.com/challenge/creative-confidence/inspiration/the-story-of-doug-dietz-creative-confidence-in-the-mri-suite/comments)

〈그림 3-6〉 문제의 정의와 아이디어 만들기 단계의 모습

③ 모형 제작(Prototype)·테스트(Test)

아이들이 좋아하는 탐험 시리즈로 산호섬탐험, 해적탐험, 심해탐험, 정글탐험 시리즈 등을 개발하였다. 파일럿으로 몇 개의 병원에 적용하였으며 결과는 대단히 성공적이었다. 아이들은 배를 운항하는 미션을 수행하고, MRI 촬영 시에는 움직이지 않음으로써 바위들로부터 배를 보호한다고 생각하였다. MRI 촬영 후에는 아이들은 걱정과 공포가 아닌 즐거움으로 촬영실을 떠났다. 연구 결과 탐험 시리즈 적용 후에 10%의 어린이만 진정제를 투약하고 MRI 촬영을 진행하게 되었다.

(출처: http://scn.sap.com/community/design-thinking/blog/2014/04/06/design-thinking--stories-processes)

〈그림 3-7〉 새로운 MRI 기계와 해적 분장을 한 의사, 간호사들

관련 동영상 :
https://www.youtube.com/watch?v=jajduxPD6H4
https://www.youtube.com/watch?v=hnSPmcZjEqs
http://newsroom.gehealthcare.com/from-terrifying-to-terrific-creative-journey-of-the-adventure-series/

2) 아프리카와 개발도상국의 미숙아 살리기 사례

실제 문제 상황

지구에는 매년 2천 만 명의 미숙아가 태어난다. 이들 중 96%가 아프리카와 같은 개발도상국에서 태어나는데 이들 가운데 4백만 명의 영아들이 태어난 지 한달 이내에 사망한다. 이러한 문제를 다양한 아이디어를 통해 해결해야 하는 상황이다. 어떻게 해결할 것인가?

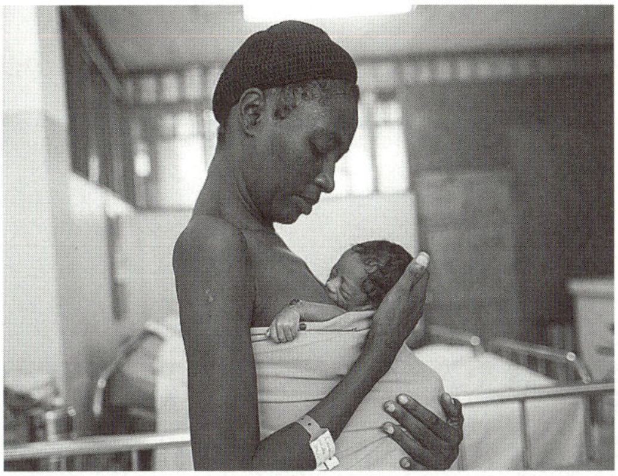

(https://www.youtube.com/watch?v=Q3oWS5xwj4A)

〈그림 3-8〉 아프리카와 개발도상국에서 태어나는 미숙아

① 디자인씽킹 1단계(공감)

4백만 명의 미숙아가 태어난 지 한 달 이내에 사망한다는 것이 얼마나 비극적인 일인가? 디자인씽킹의 시작은 이 사망하는 아기의 부모와 가족이 된 것처럼 느껴 그들의 슬픔을 "공감(Empathize)"하고 그들이 겪게 되는 상황을 몸소 체험하는 것이다. "왜 미숙아가 이렇게 많이 사망하게 되는 것일까?" "어떤 환경에서 이런 일들이 벌어지는 것일까?"에 대한 명확한 답을 얻어야 한다. 언뜻 보면 매우 쉬워 보이지만 우리는 우리만의 관념을 가지거나 잘못된 경험에 사로잡혀 잘못된 사고를 하는 경우가 의외로 많다.

예를 들자면 아프리카에서 미숙아가 많은 이유를 우리는 "영양분이 부족하니까 그런 거겠지"라고 생각하고 그에 따라 행동을 하게 된다면 이미 잘못된 방향으로 문제 해결을 하게 된다는 것이다. 문제의 해결을 위해서 여러분들은 현지의 병원 담당자나, 산모 등 이 문제와 관계된 관계자들을 관찰, 인터뷰를 통해서 문제의 근본을 파악할 수 있다.

② 디자인씽킹 2단계(정의)

실제 연구팀이 다양한 관찰과 인터뷰를 통해 공감 단계를 거친 결과 미숙아의 사망 원인은 대부분 저체온증에 의한 것으로 나타났다. 영양분의 부족이 아닌 열악한 환경, 부모의 무지 등으로 인해 미숙아가 춥게 방치되는 경우가 많았던 것이다.

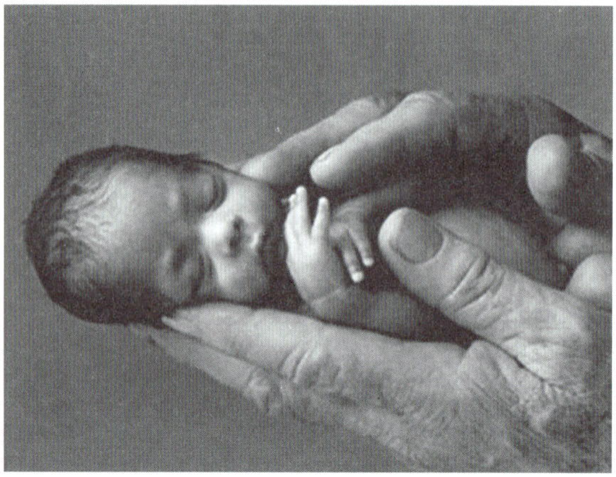

(출처: https://www.youtube.com/watch?v=Q3oWS5xwj4A)

〈그림 3-9〉 정의(Define) 단계: 미숙아의 체온 유지가 안됨
→ 저체온증의 극복이 필요

③ 디자인씽킹 3단계(아이디어 만들기)

개발도상국 미숙아의 사망을 줄이기 위해 필요한 것은 인큐베이터라는 해결책이 나왔으나, 인큐베이터 하나가 2,000만 원이라는 비용적인 문제가 있다. 저체온증의 문제를 해결하기 위해서 인큐베이터는 최적의 솔루션일 수는 있겠지만 비용 문제가 해결되지 않으면 실현이 불가능하다. 그렇다면 비슷한 효과가 있으면서 적은 예산으로 해결할 수 있는 방법은 무엇일까? 이에 대한 끊임없는 토론과 아이디어의 결과로 'Heat Wave' 즉 우리에게 익숙한 찜질 팩을 활용하자는 아이디어가 도출되었다.

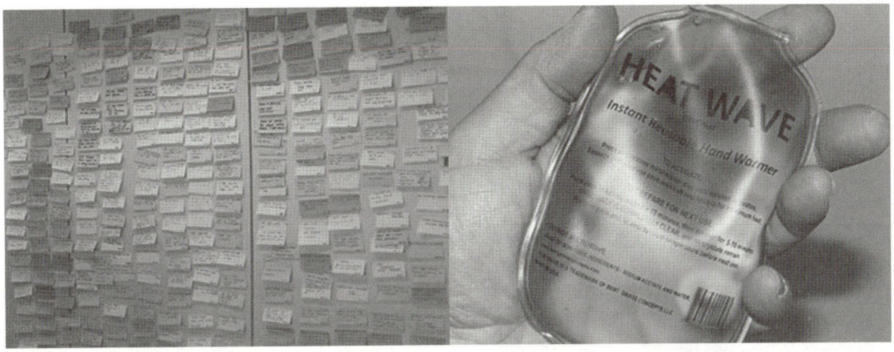

(출처: https://www.youtube.com/watch?v=Q3oWS5xwj4A)

〈그림 3-10〉 아이디어 만들기(Ideate) 단계: Heat Wave의 등장

④ 디자인씽킹 4단계(프로토타입)

앞 단계에서 도출된 Heat Wove(찜질 팩)을 실제로 보고 만질 수 있는 모형으로 제작하였다.

찜질 팩 모형을 제작한 후 보완 의견을 반영하고 다시 제작하였다. 이러한 과정을 거듭하면서 모형을 보완하고 실제 제품을 제작하였다.

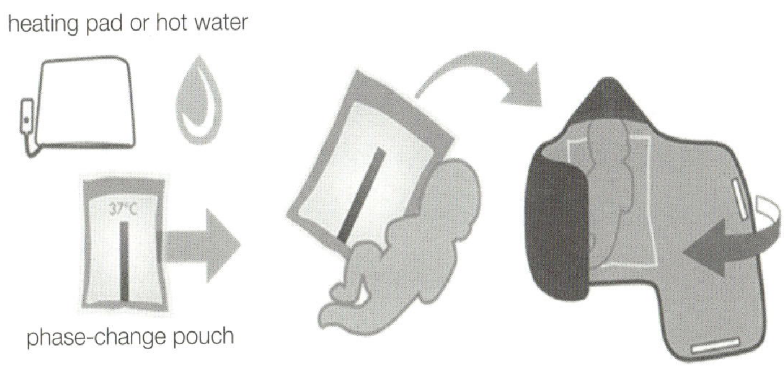

(출처: https://www.youtube.com/watch?v=Q3oWS5xwj4A)

〈그림 3-11〉 프로토타입 만들기 → 보자기에 히트 웨이브를 넣어 체온을 유지함

⑤ 디자인씽킹 5단계(테스트)

만들어진 제품을 실제 사용자인 미숙아와 산모에게 적용해 보았다. 테스트 단계를 통해 제품의 완성도가 높은지, 경제적 관점에서 경제적 타당

성을 갖추었는지, 기술적으로 대량 생산이 가능한지 등을 테스트할 수 있다. 위의 사례에 대한 관련 동영상 시청을 통해 디자인씽킹 과정을 이해할 수 있을 것이다.

(출처: https://www.youtube.com/watch?v=Q3oWS5xwj4A)

〈그림 3-12〉 테스트 단계 → 실제 제품의 적용

4. 소프트웨어 개발에서 디자인씽킹의 구성 요소

디자인씽킹(Design Thinking)의 요소는 사용자의 희망 사항(Desirability), 기술적 타당성(Feasibility), 경제적 실행 가능성(Viability)으로 이루어진다. 이들 3가지 요소가 균형을 이룰 때 창의적인 문제 해결책, 즉 혁신을 경험할 수 있다. 하지만 우리가 아는 실패한 제품이나 서비스들은 이러한 디자인 사고의 기본 구성 요소간의 균형을 제대로 이루지 못하였다. 보다 쉬운 이해를 위해 3가지 요소가 균형을 이루지 못할 때 나타나는 오류에 대한 사례를 살펴보자.

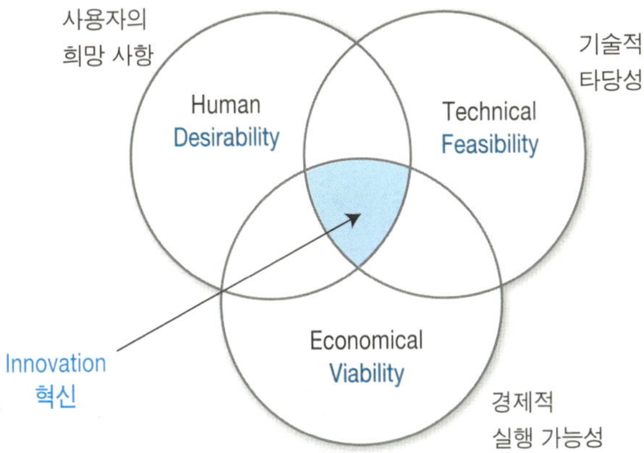

〈그림 3-13〉 디자인씽킹의 요소

사례 1: 과도한 공학적 접근

첫 번째 사례는 경제적 가치와 기술적인 타당성에만 초점을 둔 경우라고 할 수 있다. 그림에서 보는 것과 같은 핸들을 장착한 자동차를 운전해야 한다고 상상해 보자. 운전도 하기 전에 사람들은 당황하게 될 것이며, 이는 운전하는 사람의 요구나 경험을 전혀 고려하지 않은 디자인이라고 할 수 있다.

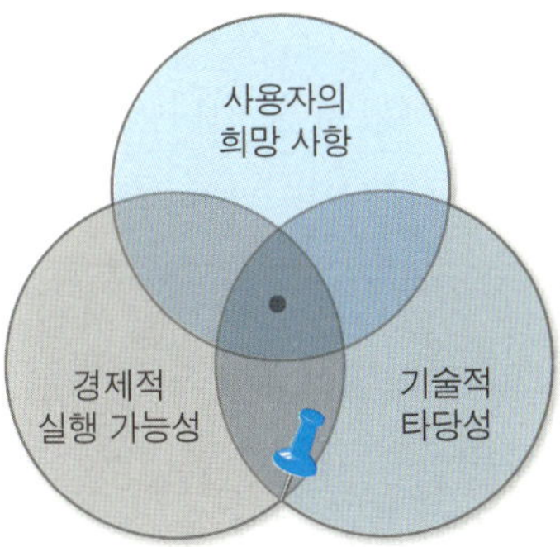

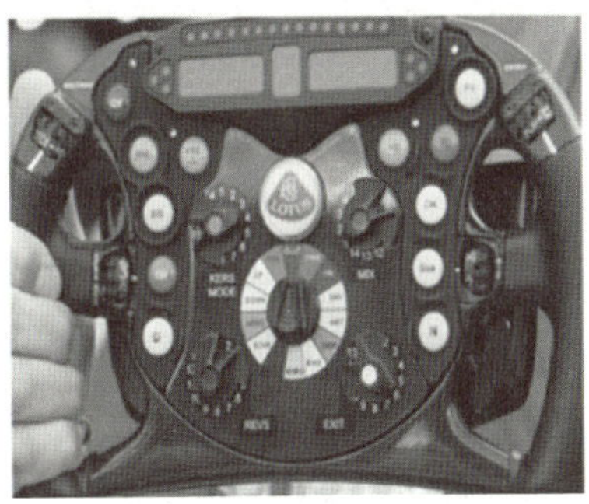

Photo by Francesco Crippa · CCBY2.0

사례 2: 허황된 희망 사항 접근

두 번째 사례는 사람들의 희망 사항과 비즈니스적 가치만을 고려한 경우이다. 이런 경우 디자이너들은 흥미롭고 이상적인 아이디어로 디자인을 한다. 그림에서의 타임머신은 사람들의 희망 사항을 담고 있어 누구나 타보고 싶은 생각이 들게 한다. 하지만 기술적으로 구현 가능한 것인가? 라는 질문에 현재의 기술로 선뜻 답하기는 어려울 것이다.

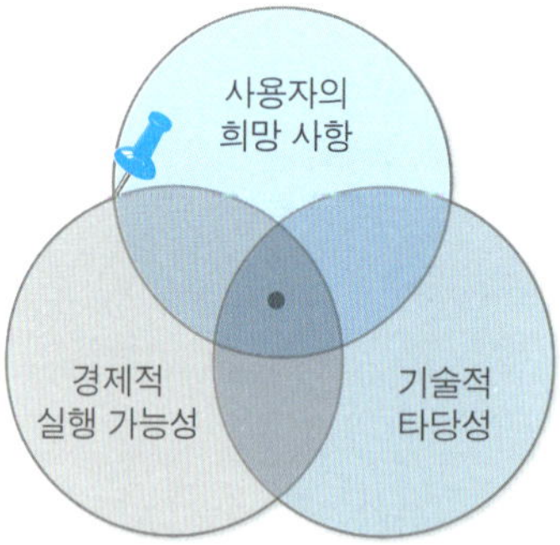

출처: 영화 타임머신 The Time Machine (1960)

사례 3: 트랜드만 고려한 접근

세 번째 사례는 사람들이 원하는 것과 기술적 타당성만을 고려한 사례이다. 요즘 트랜드에 따라서 사람들은 자연 친화적인 키보드를 좋아할 것이다. 또한, 기술적으로도 그림과 같은 키보드를 만드는 것은 가능하다. 그러나 이런 키보드가 시장에서 가치를 인정받을 수 있는지는 의문점이 있다. 경제적인 측면에서의 실행 가능성은 전혀 없어 보인다.

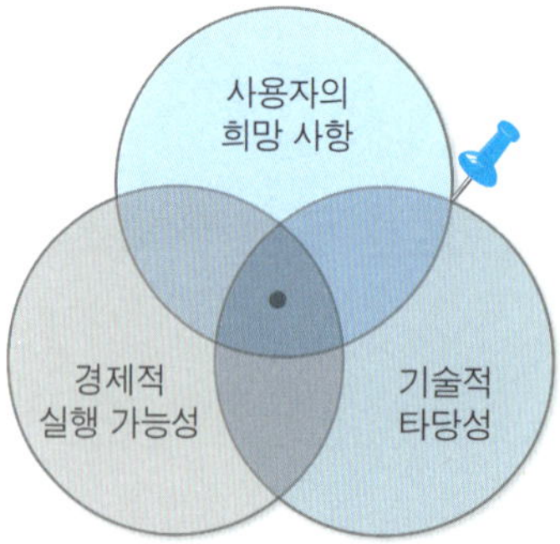

Photo by wetwebwork-CCBY-SA2.0

활동 3-1

학과		학번		이름	

두 개의 스마트 폰을 연결하는 방법에 대한 창의적인 아이디어를 생각해 보자.

- 주소나 사진을 공유할 때와 같이 자신의 스마트폰을 인접한 다른 스마트폰과 물리적으로 연결하려는 경우가 있다.
- 이때 블루투스처럼 근처의 다른 휴대폰을 인식하고 연결할 수 있는 네트워크 기능이 주로 사용된다. 그러나 주변에 수많은 스마트폰이 있기 때문에 사용자는 보안상의 절차를 통해 연결 상대가 맞는지 인증해야 한다.
- 이때 인증 절차는 대화 상자, 암호, 다른 여러 가지 요구 사항으로 채워져 있기 때문에 일반인들에게는 번거롭게 느껴진다.
- 두 개의 모바일 기기를 연결하기 위한 방법으로 무엇이 좋을지 아이디어를 제시해 보자.

두 개의 휴대폰을 연결하는 방법에 대한 아이디어를 생각하고 팀별로 팀의 생각을 파워포인트나 워드로 정리하여 프레젠테이션을 하고 논의할 수 있을 것이다. 강의실의 전체 팀이 발표한 팀의 아이디어에 대한 평가를 함께 진행할 수도 있다. 다음의 "아이디어가 들썩이는 사용자 경험 스케치 워크북" 에서 제시한 방법을 참고하여 다양한 아이디어를 정리해 보자.

아이디어 정리	상세 설명
 두 사람 모두 미리 정한 단어를 입력하기	두 사람이 하나의 단어를 입력해야 '인증' 프로그램을 실행함. 약속한 단어를 입력하여 각각의 휴대폰이 인증이 되고 연결시킴

수업 자료 및 참고 문헌

1. Embrace warmer 동영상 : https://www.youtube.com/watch?v=Q3oWS5xwj4A
2. Hinckley, K. (2003, November). Synchronous gestures for multiple persons and computers. In Proceedings of the 16th annual ACM symposium on User interface software and technology (pp.149-158), ACM.
3. 벅스턴 외·이재희·양해륜·조경숙 역, 『아이디어가 들썩이는 사용자 경험 스케치 워크북』, 인사이트, 2013.
4. 조성봉, 『이것이 UX디자인이다』, 위키북스, 2013.
5. 다음커뮤니케이션 UX랩 & 마켓인사이트팀, 『스토리로 이해하는 UX디자인 프로세스』, 로드북, 2012.
6. 이광훈, 『(사용자 경험을 창조하는) 모바일 UX/UI 가이드북』, 프리렉, 2013.

제4장

디자인씽킹

– 공감

이번 장에서는 디자인씽킹의 문제 해결 과정 중 첫 번째 단계인 [공감] 단계의 상세 내용에 대해 학습한다. [공감] 단계에서 가장 중요한 것은 문제의 대상자로부터 배운다는 마음으로 그들의 삶과 생각, 행동에 몰입하는 것이다. 공감을 통해 우리는 고객 혹은 사용자를 깊게 이해하고, 이를 토대로 우리가 가진 지식, 선입견과 같은 기존 관점과는 다른 관점에서 시사점을 얻을 수 있다. 공감을 하기 위한 방법으로는 문제 자체를 이해하고 문제를 겪고 있는 대상자를 관찰 및 인터뷰하거나 해당 분야의 전문가들 및 다른 주요 이해 관계자들과 인터뷰 등을 시도할 수 있다. 이러한 경험들을 토대로 얻은 사용자 및 문제 상황에 대한 통찰력을 얻고 이를 발판 삼아 디자인 사고 과정에 도전하는 것이 [공감] 단계의 목표이다.

학습 목표

- 창의적으로 문제를 해결할 수 있는 과정 중 [공감] 단계의 중요성과 그 역할에 대해 이야기할 수 있다.
- 관찰, 인터뷰 및 페르소나 활동의 의미와 방법을 이해하고 수행할 수 있다.
- 공감을 통하여 창의적인 문제 해결을 위한 새로운 통찰을 얻을 수 있다.

3장에서 우리는 디자인씽킹의 5단계를 개략적으로 살펴보았다. 이번 장에서는 디자인씽킹에서 공감 단계를 배워보고 직접 수행해 보면서 창의적인 문제 해결을 위한 새로운 통찰을 얻어 보자.

〈그림 4-1〉 디자인씽킹의 5단계 프로세스

1. 디자인씽킹 1단계(공감)

디자인씽킹의 첫 단계는 '공감(Empathize)'에서 시작된다. 문제의 중심을 사람에 두고, 사람에 맞춰서 문제를 바라보는 것이다. 공감이라는 단계는 왜 필요한 것일까? 대상이 지닌 문제를 정확하게 이해하기 위해서이다. 공감하기 위해서는 무엇보다도 '나' 중심이 아니라 '너' 중심으로 경청하고 관찰하고 이해하는 연습이 필요하다.

[공감] 단계는 크게 세 가지 활동을 통해 배울 수 있다.

첫째는 관찰을 통한 디자인씽킹을 통해 해결하고자 하는 문제와 관련된 사람들의 행동을 그들의 관점에서 선입견 없이 살피는 것이다. 두 번째는 대화와 인터뷰를 통해 문제와 관련된 사람들과 직접 만나고 소통하면서 문제와 관련된 단서들을 수집하는 것이다. 세 번째는 문제의 당사자가 되어 직접 체험하는 것이다.

이러한 일련의 활동을 통해 고객에 대한 다양한 정보를 얻게 되고 이를 토대로 우리는 맥락화 된 문제를 정의할 수 있게 된다. 본 교재에서는 관찰과 인터뷰 방법에 대해 자세히 살펴보고자 한다.

2. 공감 단계를 위한 활동

디자인씽킹 첫 단계인 [공감] 단계를 위한 활동으로 관찰법과 인터뷰에 대해 살펴보고자 한다.

눈앞에서 벌어지는 장면을 수동적으로 보기만 해서는 사용자 행동 이면에 숨겨진 단초를 찾아내기 쉽지 않다. 자칫 두세 시간 관찰을 했지만 찾아낸 게 아무것도 없다는 느낌이 들 수도 있다. 한편, 눈에 보이는 것들을 관찰한다 하더라도 이에 대한 관찰자의 주관적 해석과 구분이 안된다면 문제의 근본적인 원인에 접근하는 데 어려움을 겪을 수 있다. 보다 많은 것을 구조적으로 관찰하기 위해 공감을 위한 효과적인 관찰법들을 살펴보자.

1) WHAT·HOW·WHY 관찰법

What·How·Why 관찰법은 구조적인 관찰 방법으로, 우리가 문제 대상자를 관찰할 때 겉으로 보이는 피상적인 모습만 다루는 것을 지양하고 보다 구체적으로 관찰하고 구조적으로 접근할 수 있는 프레임을 제시한다. 특히 What과 How와 Why를 구분하여 관찰을 진행하다 보면 객관적인 발견과 주관적인 해석을 구분할 수 있게 됨으로써 다양하고 세부적인 내용을 관찰할 수 있게 될 것이다. What·How·Why의 각 영역에 따라 관찰해야 할 내용은 다음과 같다.

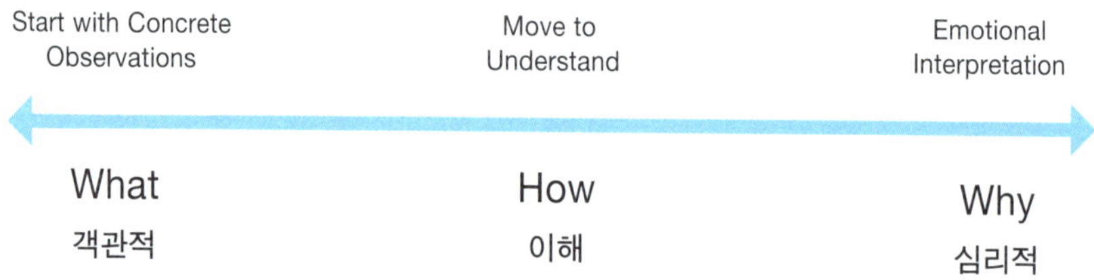

- What: 객관적인 사실에 집중해서 대상을 관찰
- How: 관찰 가능한 부분 중 객관적인 사실과 주관적인 느낌 및 감정 등 심리적인 부분도 포함하여 대상을 이해하는 것
- Why: 심리적인 내용으로 활동 혹은 이 상황에 있는 당사자가 어떤 심리적인 것이 있는지를 해석하는 것

〈그림 4-2〉 What How Why 관찰법

What·How·Why 관점에서 관찰을 수행하고 난 후 전체적인 스펙트럼에서 세 가지 관점이 균형 있게 반영되었는지에 대한 검토가 필요하다. 세 가지에 대해 무엇을 물어봤고, 관찰했고, 무엇은 물어보지 못했는지 등 검토를 통해 어떤 영역에서 얼마만큼 관찰했구나 등을 점검하고 부족한 영역을 보완함으로써 세 가지 영역 간 균형을 맞추는 것이 중요하다.

What·How·Why 관찰법 예시

• 관찰 대상: 학교 내 카페

• **What: 객관적으로 '무엇'이 보이는지 이야기하기**

- 실내 조명이 형광등이었어요.
- 카페 곳곳에 커피와 관련된 장식품들이 여기저기 잘 놓여 있었던 것 같아요.
- 강의실에서 주로 사용하는 의자를 사용하고 있었어요.

• **How: 객관적인 사물, 사람이 '어떻게' 보이는지 주관적으로 해석해 보는 것**

- 보통 카페에 가면 자유롭게 대화하는 편인데, 아까 거기에서는 약간 사람들이 공간이 좁아서 위축되어서 그런지 아무래도 전반적으로 작게 대화하는 것처럼 보였어요.
- 입구가 좁아서 사람들이 서둘러서 나가는 경향도 있었어요.
- 약간 공간이 좁아서 그런지 주문하려고 선 줄이 길게 보였어요.

• **Why: 관찰 대상의 행동, 모습을 '왜'의 관점에서 해석해보는 것(심리 측면)**

- 좁은 공간이라서 다른 사람들이 본인의 이야기를 듣기 싫어할 것 같았고, 그래서 조심스럽게 이야기하는 것 같았어요.
- 다른 사람에게 피해 주기 싫어하는 것도 보여서 전반적으로 조용하고 조심스러운 분위기가 느껴졌어요.
- 카페 사장님 관점에서 생각해 보았는데요. 직접 원두를 갈아 만드는 기계가 있었는데 그것을 보니까 고객들이 직접 체험할 수 있는 기회를 주고 싶은 카페이지 않았나? 그런 생각이 들었어요.

2) A-E-I-O-U 관찰법

관찰 조사를 할 때 주요 포인트를 미리 노트에 작성해 두고 그에 맞추어 내용을 얻어내는 방법이 효과적이다. 디자인씽킹에서는 AEIOU관찰법이라고 부르며 이러한 프레임은 대상을 바라보는 시야를 넓히는 데 도움을 준다. AEIOU는 전체와 세부 요소, 그리고 요소 간 상호작용을 이해하기 위하여 고안된 프레임웍으로 Activities, Environment, Interaction, Objects, Users의 다섯 가지 요소로 구성된다.

A-E-I-O-U 관찰법

디자인씽킹 과정에서 접촉하는 사람들(인터뷰 대상이나 사용자를 관찰하는 것)은 문제를 해결하는 데 큰 도움이 된다고 하여 스탠퍼드 대학의 디자인 스쿨은 'A-E-I-0-U'관찰법을 제시하였다.

- A: 활동(Activity)

관찰 대상이 어떻게 움직이는지 눈여겨본다. 이야기를 나누는 동안 무엇을 먹는지, 주로 어떤 사람들과 이야기를 하는지 등을 꼼꼼히 살펴보자.

- E: 환경(Environment)

인터뷰 장소 혹은 관찰 지점의 주변 환경을 관찰한다. 조명, 테이블 위치와 디자인, 흘러나오는 음악 등을 모두 확인한다. 이렇게 환경과 관련된 정보는 모두 기록해보자.

• I: 상호작용(Interaction)

관찰 대상이 주변 사람과 사건과 사물 등과 어떤 영향을 주고받는지 살펴보자.

• O: 사물(Objects)

관찰 대상 주변에 있는 특이하거나 재미있는 사물을 눈여겨보자. 그리고 그것을 기록해보자.

• U: 사용자(User)

인터뷰나 관찰의 대상뿐 아니라 그 주변 인문들을 모두 살펴보자. 옷차림, 평소 사용하는 물건, 표정과 몸짓까지도.

3) 인터뷰

인터뷰를 할 때는 자기를 내려놓고 상대방의 말에 귀를 기울여 호기심 어린 마음으로 상대방의 세상을 받아들이고 느끼는 연습을 해야 한다. 상대방에 대해 알아보기 위해 생활 속에서 느끼는 불편한 점, 소망 등을 물어보고, 상대방의 이야기에 질문하고, 상대방 말을 들으며 궁금한 내용은 물어보면서 인터뷰를 하도록 한다. 특히 인터뷰를 할 때는 문제에 직면할 수 있도록 질문하는 것이 중요하다. 인터뷰를 수행하는 데 있어 좋은 질문을 하기 위해 다음의 요소들을 기억해 두자.

■ 좋은 질문이란?

- '예', '아니오' 중심의 폐쇄형 질문보다는 답변자의 의도를 파악할 수 있는 개방형 질문을 던지자.
- 구체적으로 질문하자.
- 조금 말하고 많이 듣자.
- 말하는 이가 어떠한 의도, 감정, 맥락에서 이야기하는지 경청하자.

• 인터뷰 개방형 질문 예시

사용자가 겪는 문제 및 요구를 파악하기 위한 인터뷰에서는 가능하다면 개방형 질문을 하는 것이 좋다. 다음에 나오는 일반적인 질문 목록이 인터뷰를 준비하는 데 도움이 될 것이다.

〈표 4-1〉 인터뷰 개방형 질문 예시

질문 목적	질문 예시
행태 추적하기	"그 이야기를 하면서 미소를 짓는 이유가 무엇인가요?" "어떻게 그런 일이 일어났나요?" / "누가 그렇게 가르쳐 줬나요?" "작동 방식을 어떻게 알게 됐나요?" "어떤 것이 효과가 있었나요?" / "어떤 것이 효과가 없었나요?"
명확성 확보하기	"~라는 게 정확하게 어떤 의미인가요?" "당신은 그것을 어떻게 설명하겠습니까?"
적극적으로 탐구하기	"이 부분이 어렵다고 말씀하셨는데, 정확히 어떤 부분이 어려운가요? / 어려웠나요?" "힘든 일이라고 말씀하셨는데, 구체적으로 왜 힘든가요?"
순서 물어보기 (일/주/기간)	"~에 대한 처음 기억은 무엇인가요?" "그 전/그 후에 무슨 일이 일어났나요?" "그 전에는 어떻게 했나요?" "가장 처음으로/가장 마지막으로 ~했던 적이 언제 인가요?"
예시 물어보기	"가장 최근에 내려 받은 앱이 무엇인가요?" "그 일을 누구와 의논했나요?"
예외 찾아보기	"그럼 효과가 없었던 적은 언제 였나요?" "이전에는 문제가 있던 적이 있었나요?"

연관성과 관계 이해하기	"~와 어떻게 소통하나요? "누구에게 그 이야기를 들었나요?" "누가 그 일을 도와줬나요?" "어떻게 그 이야기를 들었나요?"
잘 모르는 사람에게 설명하기	"외국인에게 그것을 설명해야 한다면 어떻게 말하겠습니까?" "할머니, 할아버지께 설명한다면 어떻게 하겠습니까?" "어린아이에게 설명한다면 어떻게 하겠습니까?"
과정 비교하기	"당신 집과 친구 집의 차이는 무엇인가요?" "당신이 이 일을 집에서 할 때와 길거리에서 할 때의 차이는 무엇인가요?"
미래 상상하기	"그것을 2035년에는 어떻게 할 것이라고 생각하나요?" (그것이 오늘날과 같은 상태라면 어떻게 하겠습니까?)

4) 공감지도

공감지도는 관찰과 인터뷰를 통해 수집한 정보들을 구조화하고 더 잘 이해함으로써 시사점을 얻기 위한 활동이다. 이를 통해 대상이 가진 물리적인, 정서적인 요구를 구체화할 수 있고, 앞으로의 문제 해결 과정에서 주목해야 할 요소와 그것의 의미를 검토할 수 있다.

공감지도는 다음과 같은 다섯 개의 영역으로 구성되고 크게 세 부분으로 나누어 채워볼 수 있다. 첫째, 관찰 및 인터뷰 과정에서 얻게 된 객관적인 정보를 중심으로 SAY와 DO 영역을 채우는 단계로 주로 고객이 한 말과 행동을 구분하여 상세하게 정리한다. 둘째, THINK와 FEEL 영역을 통해 고객의 마음 속 생각과 불만, 심리적인 장애와 위험 요소 등이 무엇인지 채워본다. THINK와 FEEL 영역을 채울 때에는 객관적인 정보에 대한 해석이 포함될 것이다. 최종적으로 네 영역에 대한 정리를 마친 후 INSIGHT 영역에 우리가 주목해야 할 중요한 사안과 그것이 주는 시사점을 간단히 정리해 볼 수 있다. INSIGHT는 나머지 네 가지 영역의 정보를 정리해 봄으로써 도출된 '아하!(A-Ha!)'에 해당하는 통찰을 얻은 점을 정리해 볼 수 있다. INSIGHT 영역은 우리가 주목해야 할 중요한 사안과 공감으로 통해 얻은 시사점을 간단히 정리해 볼 수 있다.

〈표 4-2〉 공감지도

<table>
<tr><td>SAY</td><td>DO</td></tr>
<tr><td>THINK</td><td>FEEL</td></tr>
<tr><td colspan="2">INSIGHT</td></tr>
</table>

5) 페르소나

페르소나는 제품이나 서비스의 전형적인 사용자를 의미한다. 관찰, 인터뷰 등의 공감 활동을 토대로 도출된 내용으로 대표 사용자를 만들어볼 수 있으며 이는 문제를 해결하는 데 있어서 사용자를 이해하는 데 보다 깊은 공감의 단계로 나아가도록 돕는다. 페르소나의 특성에는 기본 항목(사진, 이름, 성별, 나이 및 직업 등)뿐만 아니라 기타(교육 수준, 연봉, 결혼 상태, 취미 등)가 포함될 수 있다. 페르소나를 작성할 때는 기본 항목 외에도 기타 세부 요소들을 추가하여 최대한 실제 사람에 가깝도록 만들어야 한다.

페르소나 분석에 사용되는 템플릿이 다양하지만 필수적으로 기술되어야 하는 사항은 사용자의 제품에 대한 태도, 사용자 요구 사항, 사용자 콘텍스트, 사용 동기를 포함한다.

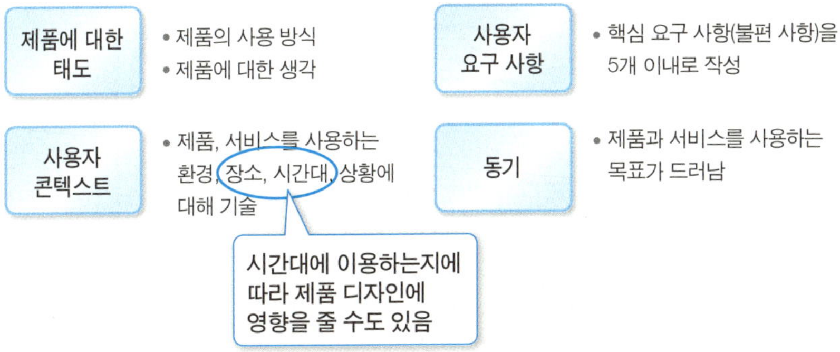

〈그림 4-3〉 페르소나 분석을 위한 주요 질문

제품(서비스)에 대한 태도는 사용자가 제품을 어떻게 사용하고 있는지, 어떻게 생각하고 있는지와 같은 사용 경험에 영향을 미치므로, 사용자의 태도를 기술하도록 한다. 사용자 콘텍스트는 제품이나 서비스를 사용하는 환경, 장소, 시간대, 상황에 대해 기술하며, 페르소나가 어떤 장소, 시간대에서 이용하는지에 따라 제품 디자인에 영향을 줄 수 있다. 사용자 요구 사항은 페르소나가 갖고 있는 다양한 요구 사항 중에 핵심적인 5개 이내로 정리한다. 요구 사항에는 페르소나가 느끼는 불편 사항을 포함하는 경우도 있다. 동기는 페르소나가 실제로 왜, 어떤 목표를 가지고 이 제품이나 서비스를 사용하는지가 드러나게 된다. 따라서 페르소나 정의에서 가장 중요한 내용이기도 하다.

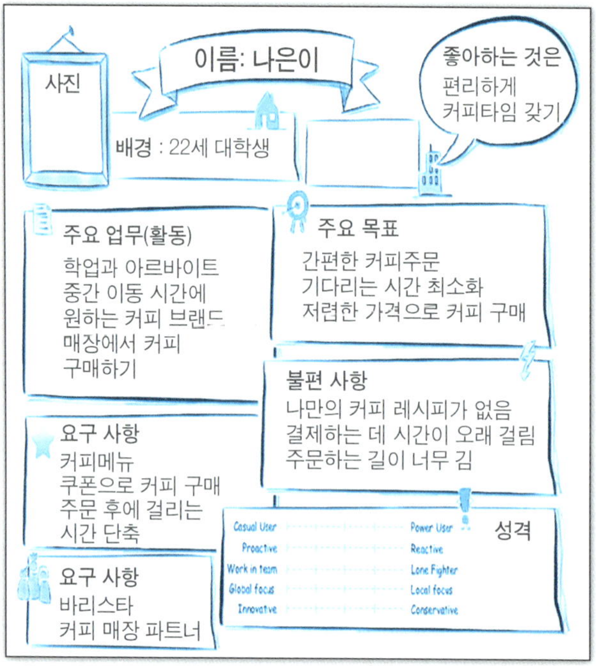

〈그림 4-4〉 페르소나 작성 예시

다음은 페르소나 작성의 예시이다. 나은이의 사례이며, 나은이의 배경은 22세 대학생이며, 나은이가 원하는 것은 편리하게 커피 타임 갖기이다. 주요 활동은 학업과 아르바이트를 하기 위해 이동하는 시간에 원하는 커피 브랜드 매장에서 커피 구매하는 것이다. 주요 목표는 간편한 커피 주문, 기다리는 시간 최소화, 저렴한 가격으로 커피를 구매하는 것이다. 요구 사항은 앱으로 주문 시 옵션 설정에 대한 안내가 필요하다는 점, 충전 잔액 확인이나 기준 잔액 미만 시 알람이 울려 주문 전 잔액을 미리 확인하는 것이다. 불편 사항은 신제품을 먹을 때 옵션 설정이 너무 많아서 선택이 어렵거나 나만의 커피 레시피를 사용하고 싶은 점, 주문 전 충전 잔액을 편리하게 확인하고 싶은 점이다. 업무상 주요 인물은 바리스타, 커피 매장 파트너이다.

활동 4-1

학과		학번		이름	

문제 발견하기

우리 주변에서 불편함을 겪고 있거나 더 나은 생활에 대한 소망을 가지고 있는 사람들을 찾아보자.

- 학교 안: 도서관, 학생식당, 스터디룸, 강의실 등등
- 학교 밖: 교통수단, 카페 등등

불편함을 겪고 있는 사람	가지고 있는 불편함 또는 소망

활동 4-2

학과		학번		이름	

WHAT·HOW·WHY 관찰법

사용자를 심도 있게 관찰하기 위해서 WHAT·HOW·WHY로 작성해 보자.

	WHAT 객관적인 사실	HOW 객관적인 사실과 주관적인 느낌 (감정)	WHY 심리적인 것
1			
2			
3			

활동 4-3

학과		학번		이름	

A-E-I-O-U 관찰법

관찰 대상이 주변 사람과 사건과 사물 등과 어떤 영향을 주고받는지 살펴보고 기록해 보자.

Activities 활동	• 무슨 일이 일어났는가? • 사람들은 무엇을 하고 있는가? • 사람들에게 주어진 일은 무엇인가? • 사람들은 어떤 활동을 하는가? • 이전과 이후 무슨 일이 일어났는가?	
Environment 환경	• 주변 환경은 어떤가? • 공간이 조성된 본래 목적 및 기능은 무엇인가?	
Interaction 상호작용	• 시스템은 서로 어떻게 상호작용하는가? • 인터페이스가 있는가? • 사용자는 서로 어떻게 상호작용하는가? • 작업을 구성하는 요소는 무엇인가?	
Objects 사물	• 어떤 물건이나 기기를 사용하는가? • 누가 어떤 환경에서 그 물건을 사용하는가?	
User 사용자	• 사용자는 누구인가? • 사용자의 역할은 무엇인가? • 누가 사용자에게 영향을 미치는가?	

활동 4-4

학과		학번		이름	

인터뷰

문제를 겪고 있는 사용자 한 명을 정하여 심층 인터뷰해 보자. (개방형 인터뷰 질문 예시를 참고하여 질문해 보자)

<table>
<tr><td>문 제</td><td colspan="3"></td></tr>
<tr><td>인터뷰 대 상</td><td colspan="2">이름</td><td>선정 이유</td></tr>
<tr><td rowspan="11">인터뷰 질문과 답 변</td><td colspan="2">질문</td><td>답변</td></tr>
<tr><td>1</td><td></td><td></td></tr>
<tr><td>2</td><td></td><td></td></tr>
<tr><td>3</td><td></td><td></td></tr>
<tr><td>4</td><td></td><td></td></tr>
<tr><td>5</td><td></td><td></td></tr>
<tr><td>6</td><td></td><td></td></tr>
<tr><td>7</td><td></td><td></td></tr>
<tr><td>8</td><td></td><td></td></tr>
<tr><td>9</td><td></td><td></td></tr>
<tr><td>10</td><td></td><td></td></tr>
<tr><td>인터뷰 핵 심 내 용</td><td colspan="3"></td></tr>
</table>

활동 4-5

학과		학번		이름	

공감지도

관찰법 및 인터뷰를 통해 수집한 정보를 공감지도를 활용해 정리해 보자.

SAY	DO
THINK	FEEL
INSIGHT	

활동 4-6

학과		학번		이름	

페르소나

관찰과 인터뷰를 통해 사용자의 문제가 무엇인지, 무슨 불편함, 고민, 소망이 있는지, 왜 그러한 불편한 고민이나 소망이 발생했는지에 대해 알 수 있었을 것이다. 이를 토대로 해당 문제를 겪고 있는 사용자들㈷을 대표할 수 있는 가상의 인물인 '페르소나'를 만들어 보자.

사용자 정보(페르소나)	
이 름	
나 이	
성 별	
성 격	
목표/야망	
행동/버릇	
두려움/도전	
영향 받은 사람/취미	

제2부

창의적 사고의 발현과 소프트웨어 설계

제5장

디자인씽킹

– 문제 정의

디자인씽킹의 문제 해결 과정 중 공감과 문제 정의 단계의 상세 내용을 학습한다. '문제 정의'는 사용자의 특징, 행동, 감정 등을 살펴봄으로써 문제를 정의하여 해결안을 마련하는 방법을 제시한다는 것을 의미한다. 사용자가 불편해 하거나 중요하다고 생각하는 부분에 초점을 두어 문제를 해결함으로써 사용자에게 만족스러운 경험을 줄 수 있다. 이번 장에서는 사용자 스토리, 사용자 경험 분석, 5WHYS, 문제 정의 단계에 대한 설명과 사례를 학습한다. 이번 장에서 학습한 내용을 기반으로 다양한 활동을 통해 창의적으로 문제를 찾아낼 수 있는 [공감과 문제 정의] 단계를 활용할 수 있다.

학습 목표

- 창의적으로 문제를 해결할 수 있는 과정 중 [문제 정의]에 대해 이해한다.
- 사용자 스토리, 사용자 경험 분석, 5WHYS, 문제 정의 단계를 이해한다.
- 학습자 자신의 주변에서 발견한 문제점을 문제 영역에 맞추어 정의할 수 있다.

〈그림 5-1〉 디자인씽킹의 5단계 프로세스

디자인씽킹 두 번째 단계는 '문제 정의(Define)'이다. 공감 단계에서 관찰한 결과나 인터뷰 등을 통해 문제의 본질을 정의하는 것이다. 도출된 문제 중에 가장 핵심적이고 본질적인 문제가 무엇인지를 찾아내는 것이다. 즉, 해결 방안을 찾기 전에 상대방의 요구가 무엇인지 알아야 한다. 그래야 문제의 본질을 파악할 수 있기 때문이다.

문제 정의는 공감 단계에서 얻은 통찰로 문제를 이해하고 해석하는 수렴적 사고의 단계로써, 진짜 문제가 무엇인지 찾고 문제 해결을 위한 방향을 정하며 해결해야 할 문제가 무엇인지 깊이 있게 생각해 볼 수 있다. 이 단계에서 문제를 명확하게 정의함으로써 아이디어의 발상이 보다 쉬워진다. 디자인씽킹에서 문제 정의를 제대로 하면 사용자가 진정으로 필요로 하는 창의적인 아이디어를 얻을 수 있다.

디자인씽킹의 1단계인 공감과 2단계인 문제 정의가 반드시 연결되어야 한다. 문제 정의가 이루어지지 않으면 공감 단계에서 발견한 문제를 벗어나 엉뚱한 방향으로 해석하게 됨으로써 개연성이 없는 해결책을 도출하는 경우가 많다. 문제 정의는 문제 해결을 위한 방향 설정을 위해 반드시 필요한 과정이다.

1. 사용자 스토리

사용자의 경험을 알기 위해서 우선 사용자의 이야기를 들어볼 필요가 있다. 사용자 스토리는 사용자 어떤 필요를 가지고 있는지 어떤 목적을 가지고 있는지를 정의하는 단계이다.

① 서술형

사용자가 제품이나 서비스를 이용할 때 겪게 되는 전체적인 경험을 자유롭게 서술한다.

■ 서술형예

나은이의 이야기
나은이는 커피를 좋아해서 하루 3잔 이상 마신다. 그녀가 이용하는 커피숍은 항상 주문을 할 때 줄이 너무 길어 10분 이상 기다려야 한다. 앱을 사용하여 주문하면 앉아서 기다릴 수 있지만 세부 옵션 설정이 헷갈리고 잔액 확인이 어렵다.

② 이용 흐름형

사용자의 이용 흐름을 정의하고 각 흐름별 행동이나 요구 사항 또는 문제점을 시점별로 명시한다.

실시간 요금 조회 기능이 월별 요금 조회에서도 쉽게 찾을 수 있길 원하며, 월별로 동일하게 부과되는 월정액은 전체 금액을 그대로 보여 주고 초과되는 금액만 추가되어 나오길 원한다.

탐색 순서	통신사 홈페이지 메인메뉴 ⇨	요금 확인 메뉴 조회 ⇨	요금 확인 ⇨	실시간 요금 조회 ⇨	요금 조회 완료
상세 탐색 내역			· 5월 요금 확인을 원했으나 4월 요금이 나옴 · 5월로 변경하였으나 요금 내역 확인 되지 않음 · 실시간 요금 조회를 찾기 위해 좌측 메뉴바에 관련 메뉴 탐색	· 최종 결제 금액을 파악하고 싶으나 864원으로 나와 상세 내역 확인 · 상세 내역 확인 시에도 얼마를 더 내야 하는 것인지 파악이 어려움 · 총 사용량을 볼 수 있는 메뉴 탐색 · 초과 통화시간, 이용량 등을 확인하여 유추함	· 우편 명세서 메뉴를 통해 상세 요금 내역 확인
Needs			· 월별 요금 조회에서 실시간 요금 검색 기능이 같이 있었으면 함	· 월정액, 할부금, 보험료 등 월별로 동일하게 부과되는 금액은 미리 보여주고 초과되거나 부가 서비스에 대한 것만 따로 보여주었으면 함	

〈그림 5-2〉 이용 흐름형

2. 사용자 경험 분석(User Experience Journey)

사용자 경험 분석은 User Experience Journey 라고도 하는데 이 단계에서는 사용자들이 시간의 흐름에 따라 제품이나 서비스를 어떻게 이용하는지를 여정으로 표현한다. 시간의 흐름에 따라 사용자의 변화 추이를 분석하는 단계이다.

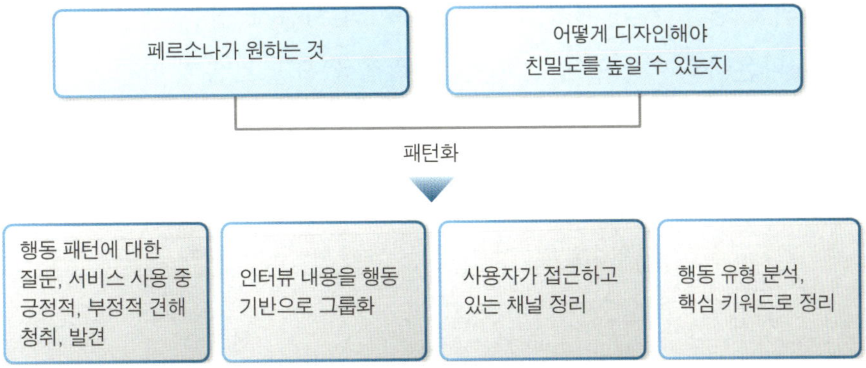

〈그림 5-3〉 사용자 경험 분석 활동

사용자 경험 분석 단계에서는 사용자, 즉 페르소나가 무엇을 원하는지, 어떻게 디자인해야 친화도를 높일 수 있는지에 대한 패턴을 만드는 데 초점을 둔다. 이것을 위해서 사용자와의 인터뷰에서 행동 패턴에 대한 질문, 서비스 사용 중 긍정적, 부정적 견해를 청취하거나 발견하고, 인터뷰 내용을 행동 기반으로 그룹화한다. 그리고 인터뷰 내용에서 사용자가 접근하고 있는 채널을 정리한다. 마지막으로 행동 유형을 분석하여 핵심 키워드로 정리한다.

〈표 5-1〉 사용자 경험 분석 구성 요소

구성 요소	설 명
마인드세트 (Mindset)	• 사용자의 느낌이나 생각 • 사용자의 이야기가 전개되면서 페르소나의 사용자의 마인드는 어떤가? • 각 스텝에서 어떤 감정을 갖게 되는가?
활동 (Actions)	• 사용자가 취하게 되는 활동 • 사용자의 이야기가 전개되면서 페르소나는 어떤 활동을 하게 되는가? • 사용자가 달성하고자 하는 목표는 무엇인가?
접촉점 (Touchpoints)	• 사용자가 취하는 다양한 활동에 참여하는 도구, 채널, 디바이스, 사람 • 전개되는 이야기에서 페르소나의 접촉점에는 무엇이 존재하는가? • 툴, 대화 상태, 디바이스, 채널 등

아래의 그림은 커피 매장에서의 나은이의 사용자 경험 분석을 표현한 것으로 나은이의 마인드세트, 활동, 접촉점을 시간 흐름에 따라 구분하였다.

〈그림 5-4〉 커피 마니아 나은이 사용자 경험 분석 예시

나은이의 예시를 자세히 살펴보자. 마인드세트는 나은이의 느낌이나 생각을 표현한 것이다. 커피를 좋아하는 사용자 나은이를 생각해 보면, '아.. 커피가 필요해', '커피를 마셔야 겠어', '아.. 줄이 너무 길다', '옵션이 너무 많고 원하는 옵션은 없네', '충전 잔액 보려면 뒤로 가야해서 귀찮네' 등이 나은이의 마음속, 머릿속에 떠오르게 된다. 나은이가 취하게 되는 행동으로는 "커피 숍에 간다", "줄을 선 사람들을 본다", "주문하기를 클릭한다" 등의 활동을 하게 된다. 접촉점은 나은이가 접촉하는 도구, 채널, 디바이스 등을 의미한다. 나은이는 커피를 주문하기 전부터 커피를 손에 쥐게 되는 순간까지 "줄을 선 손님들"을 보며, "앱 화면"을 통해 주문을 하고, "지불하기" 버튼 클릭 후 "주문 완료 팝업창" 등의 접촉점을 거친다.

●으로 표시한 것은 나은이가 곤란하거나 불편하게 느끼는 부분을 체크한 것으로 문제 해결이 필요하거나 개선이 요구되는 부분이다. ○은 중점

사항으로 주요 기능이 될 수 있다. 또한, ●와 ○에 참여하고 있는 접촉점을 파악함으로써 어플리케이션이 구현될 기기나 범위를 확인할 수 있다. 사용자 경험 분석은 전체 사용자 경험을 일목요연하게 조망할 수 있다는 장점이 있다. 또한, 전체 이용 흐름 중에 어디에 문제가 있는지 알 수 있으며, 제품이나 서비스의 사용자 경험을 시뮬레이션하는 데 활용할 수 있다.

사용자 경험 분석은 다양한 형식으로 할 수 있다. 사용자의 감정 변화를 중심으로 분석한 사례는 세로축을 긍정적, 부정적 감정으로 구분하고, 가로축은 시간의 흐름을 기준으로 하여 사용자의 감정 변화를 보여 준다. 사용자 경험 분석의 마인드세트 내용을 토대로 사용자의 감정을 축에 나타낸 후 불평이 생기는 부분(pain point)를 표시한다.

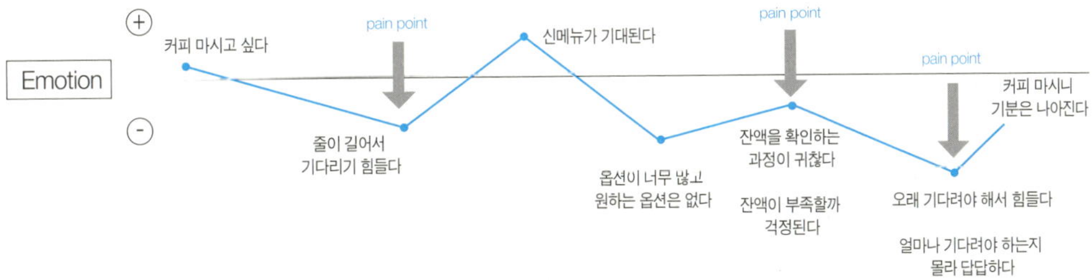

〈그림 5-5〉 사용자 경험 분석 방법 예 (1)

다소 복잡해 보이긴 하지만 감정적인 만족도를 중심으로 분석할 수 있다. 가로축에는 시간의 의미로 조사, 비교, 구매, 설치의 단계를 두고, 세로축에는 생각과 느낌, 각 단계에 대한 감정적 경험을 만족도로 나타내는 그래프이다. 단계 진행에 따른 만족도와 공급자에 대한 만족도로 구분하여 표현하였으며, 하단에 단계별로 진행되는 내용에 대한 설명과 함께 개선점을 제시하고 있다.

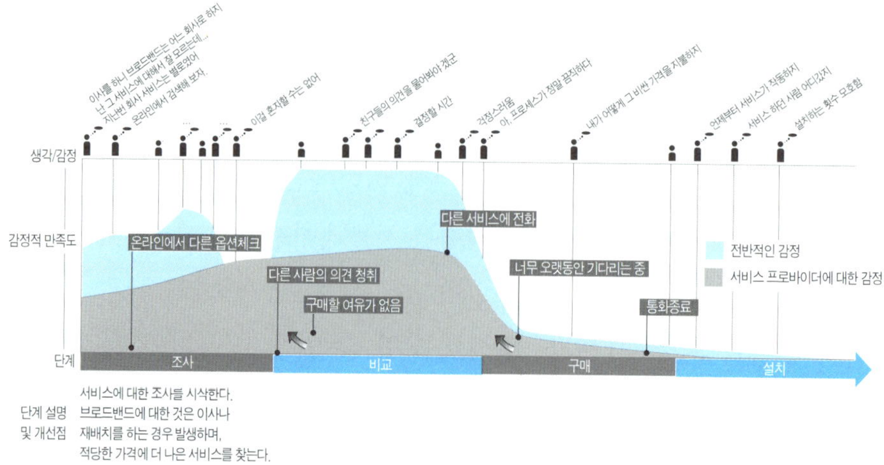

〈그림 5-6〉 사용자 경험분석 방법 예 (2)

3. 5WHYS

디자인씽킹 두 번째 단계의 "정의(Define)"에서는 도출된 문제 중에 가장 핵심적이고 본질적인 문제가 무엇인지를 찾아내는 내기 위해 공감 및 사용자 경험 분석 활동 내용을 토대로 5WHYS 기법을 활용할 수 있다. 5WHYS는 특정 문제의 원인을 탐색하기 위해 사용되는 반복적인 질문 기법이다. "왜" 라는 질문을 반복함으로써 문제의 근본 원인을 파악하고 통찰을 얻는 것을 목표로 한다. 섣부르게 결론을 내는 것을 지양하고 문제에 대한 보다 심층적인 이해를 얻고자 하는 것이다. 문제의 근본 원인에 접근하기 위해서는 '왜?'라는 것을 기계적으로 반복해서 던지기보다는 맥락에 맞게 질문해서 던지는 것이 중요하고 이와 더불어 '예', '아니오'로 대답하게 되는 폐쇄형 질문보다는 풍성한 대답을 이끌어낼 수 있는 개방형 질문을 던지는 것이 중요하다.

- **5WHYS 기법 예시**

(WHY1)

WHAT : 자동차 품질 검사의 오류가 많다.

WHY : 육안으로 제대로 확인하지 못하기 때문

WHY1에서 도출된 WHY가 WHY2의 WHAT으로 이동

(WHY2)

WHAT : 육안으로 제대로 못 본다.

WHY : 잘 보이지 않기 때문

WHY2에서 도출된 WHY가 WHY3의 WHAT으로 이동

(WHY3)

WHAT : 잘 안 보인다.

WHY : 작업장의 조명이 어둡기 때문

(WHY4)

WHAT : 조명이 어둡다.

WHY : 조명의 위치가 좋지 않기 때문

(WHY5)

WHAT : 조명의 위치 좋지 않다.

WHY : 조명 위치에 대한 기준이 없기 때문

WHY는 일반적으로 5번 반복함. 단, 문제의 근본적인 원인이라 판단되면 더 적게 혹은 추가 반복 가능함

4. 문제 정의하기

문제를 정의하는 것은 '뻔하지 않은 통찰'을 발견하는 것이다. 공감하기 단계에서 수집한 정보를 해석하고 종합하여 고객의 주요 요구와 문제점을 발견하고, 간결한 문장으로 정해 보자. 해결해야 할 고객의 핵심 이슈에 집중함으로써 Ideate 단계에서 좀 더 실질적이고 효과적인 대안을 발

굴할 수 있다.

■ Define _ POV (Point-of-View)

• 고객의 핵심 needs를 한 문장으로 간결하게 정리함
(사용자 + needs + surprising Insights!)
• 사용자를 주어로 사용자의 요구/문제를 한 문장으로 정리함으로써 명확한 해결책 발굴을 용이하게 함

• 문제 정의 체크리스트

a good point of view (POV) is one that:

- 고객의 생각과 마음을 잘 잡아내었는가?
- 문제의 근본 원인을 잘 담아내고 있는가?
- 사람들에게 영감을 주는가?
- 의사 결정에 도움을 주는가?
- 우리가 해야 할 일에 대한 명확한 방향성을 제시하는가?

• 문제 정의 예시

- 청소년들에게 비타민 섭취가 중요하므로, 비타민을 포함한 좋은 식단을 제공해야 한다.
- 청소년들에게 건강한 음식과 더불어 사회적 지지를 느끼도록 하는 것은 매우 중요하다. 그들이 느끼는 사회적 고립감은 그들의 건강 문제보다 더욱 큰 문제가 될 수 있기 때문이다.

활동 5-1

학과		학번		이름	

사용자 스토리

사용자의 필요를 구체적으로 파악하기 위하여 사용자의 스토리를 작성해 보자.
(이용 흐름형 혹은 서술형)

활동 5-2

학과 | 학번 | 이름

사용자 경험 분석

사용자들이 시간의 흐름에 따라 제품이나 서비스를 어떻게 이용하는지를 여정으로 표현해 보고 변화 추이를 분석해 보자.

Emotion	Touchpoints	Actions	Mindset

시간(Time)

활동 5-3

학과		학번		이름	

5WHYS로 문제 정의하기

공감을 통해 사용자 내면의 요구를 찾았다면 이것을 정리하여 '본질적 문제'로 접근할 수 있다. 즉, 문제의 이유를 발견하는 과정이다.

- 1WHY의 첫 번째 칸에는 문제를 적고 두 번째 칸에는 질문으로 바꾼다.
- 2WHY의 첫 번째 칸에는 1WHY에서 한 질문에 대한 답을 적고 두 번째 칸에는 질문으로 바꾼다. 처음 질문에 대한 결과 분석은 5WHY까지 한 다음 적도록 한다.

	WHY?	WHY!
1WHY		
2WHY		
3WHY		
4WHY		
5WHY		
결 론		

활동 5-4

학과		학번		이름	

문제 재정의하기

4장과 5장에서 얻은 결론을 토대로 "사용자 + needs + surprising Insights"가 포함된 형태로 문제를 재정의해 보자.

사용자의 이름/특징	사용자의 소망(동사로 표현)	사용자가 소망을 이루고 싶은 이유
문제 정의:		

제6장

디자인씽킹

– 아이디어 만들기

디자인씽킹의 문제 해결 과정 중 [아이디어 만들기] 단계의 상세 내용을 학습한다. 이번 장에서는 5장에서 학습한 문제 정의를 통해 본질적인 문제 해결을 위한 문제 해결 영역인 [아이디어 만들기]에 대한 설명과 사례들을 학습한다. 이번 장에서 학습한 내용을 기반으로 문제를 해결하기 위한 다양한 활동을 통해 창의적으로 문제를 해결할 수 있는 [아이디어 만들기] 단계를 활용할 수 있다.

학습 목표

- 학습자가 발견한 문제를 해결할 때 설계하는 과정을 이해한다.
- 창의적으로 문제를 해결할 수 있는 과정 중 [아이디어 만들기]에 대해 설명할 수 있다.
- 학습자 자신의 주변에서 발견한 문제점을 해결 영역에 맞추어 활용할 수 있다.

4, 5장에서 우리는 공감과 문제 정의를 통해 본질적인 문제를 파악하고 원인을 찾았다면 이번 장에서는 그 문제를 해결하기 위한 아이디어를 만들고 모형을 만들어 테스트하는 과정을 학습해 보자.

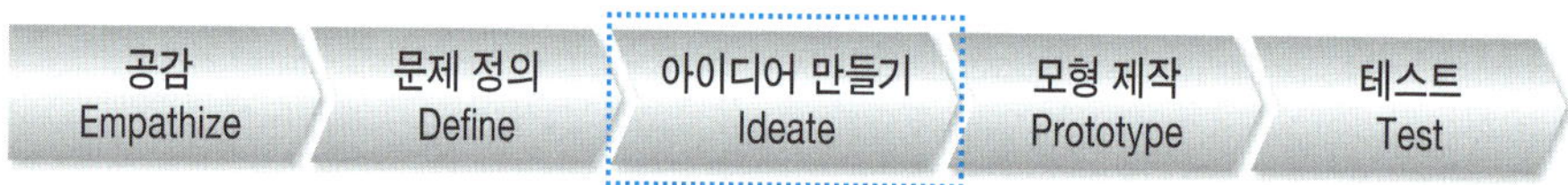

〈그림 6-1〉 디자인씽킹의 5단계 프로세스

디자인씽킹 세 번째 단계는 '아이디어 만들기(Ideate)'이다. 아이디어를 낼 때는 결과물에 초점을 맞추기보다는 폭넓은 범위에서 탐색을 하도록 하여 많은 아이디어를 얻는 기법을 사용해 보도록 한다. 이를 위해서는 브레인스토밍(Brainstorming), 스캠퍼(SCAMPER), 브레인라이팅(Brain Writing) 등 협업을 통해 문제를 해결할 다양한 아이디어를 탐색해야 한다. 다양한 아이디어를 확보한 다음에는 아이디어들을 연결, 조합, 변형, 수정하여 최적의 아이디어를 선별한다.

1. 아이디어 만들기

1) 브레인스토밍

먼저 브레인스토밍(Brainstorming)을 하도록 한다. 이때 많은 아이디어들이 나올 수 있도록 도와주고 1개의 아이디어를 생각해 내는 데 30초 이상이 걸리지 않도록 한다. 또한 다소 엉뚱하다 해도 비판하거나 판단을 해서는 안 된다.(질보다 양을 소중히 생각하는 기법이다.)

브레인스토밍에는 7가지 규칙이 있다.

- 어떤 아이디어도 무시하지 말라
- 질보다 양을 추구하라
- 시각화하여 설명하라
- 주제에 집중하라
- 한 번에 한 가지씩 한 명씩 말하라
- 엉뚱한 아이디어도 환영하라
- 다른 아이디어에 편승하라

2) 스캠퍼

스캠퍼(SCAMPER)는 브레인스토밍과 비슷한 아이디어를 만드는 데 도움을 주는 도구로, "생각할 수 있는 영역을 일정하게 제시해 줌으로써 구체적인 아이디어가 나올 수 있도록 유도하는 아이디어 창출 기법"이다. 스캠퍼란 S(대체: Substitute), C(결합: Combine), A(응용: Adapt), M(확대/축소: Modify),

P(다른 용도로 사용: Put to another use), E(제거: Eliminate), R(재구성: Reverse) 같은 개선 방향을 제시하는 아이디어 발상법이다. 예를 들어 '가방'을 주제로 선정한다면 - 가방 대신 무엇을 사용할 수 있을까?(S) - 가방을 다른 용도로 사용할 수 있을까?(P) - 가방의 어떤 부분을 바꾸어 사용할 수 있을까?(A)로 작성할 수 있다.

〈표 6-1〉 SCAMPER 예시 (1)

SCAMPER	질 문	아이디어
대체 Substitute	기존 것을 다른 것으로 바꾼다면?	젓가락 나무젓가락
결합 Combine	A와 B를 합치면?	복사 + 프린터기 = 복합기
응용 Adapt	A에서 사용한 원리를 B에도 적용해 볼까?	찍찍이 원리는 우엉 씨가 옷에 붙는 원리 응용
변형·확대·축소 Modify·Magnify·Minify	A의 크기를 변형할 수 있을까?	태블릿 PC
다른 용도로 사용 Put to other uses	A를 다른 용도로 사용해 볼까?	라면 → 뿌셔뿌셔
제거 Eliminate	A의 구성 요소의 일부분을 없애 볼까?	오픈카, 무선이어폰
재구성 Reverse·Rearrange	A에 대한 전제를 거꾸로 뒤집어볼까?	콜택시, 재택근무 트레드밀 (러닝머신)

〈표 6-2〉 SCAMPER 예시 (2) : 맥도날드 사례

맥도널드의 창업자 레이먼드 크록(Raymond Albert Kroc)
"끊임없이 고민하고 다양한 시도들을 통해 혁신적인 사례를 다수 개발하게 됨"
• SUBSTITUTE: 감자 칩에서 감자 튀김으로의 작은 변화
• COMBINE: 해피밀, 빅맥, 애플파이, 밀크쉐이크같이 심플한 제품
• ADAPT: 1975 년 애리조나에서 첫 번째 드라이브쓰루
• MODIFY / MAGNIFY: 메뉴 수정 및 프랜차이즈 시도
• PURPOSE: 올림픽 서포트, 맥도날드 하우스 자선재단, 단지 햄버거만 팔지 않고 점포와 부동산을 동시에 판매하는 용도 바꾸기
• ELIMINATE: 서빙하는 종업원을 없애고 손님이 직접 가져다 먹는 식으로 기존의 것에서 불필요한 부분 제거하기, "car-hopping"
• REVERSE/REARANGE: 먹기 전에 돈을 먼저 지불하는 순서로 기존 패턴을 재정리

아이디어 중 가장 적합한 것 6가지를 판단 기준에 의해 순서대로 나열해 봄으로써 아이디어를 도출하도록 한다.

3) 브레인라이팅

브레인라이팅(Brain Writing)은 1968년 독일의 베른트 로르바흐(Bernd Rohrbach) 교수가 독일 마케팅 잡지인 『*Absatzwirtschaft*』에 기고하면서 알려지게 되었다. 로르바흐 교수는 기존의 브레인스토밍 기법이 사람들의 성격적 차이에 의하여 결과가 달라질 수 있는 문제를 개선하기 위하여 브레인라이팅 방법을 제시하였다. 브레인라이팅 방법은 6-3-5 기법이라고도 하는데 6명의 사람이 각자 3개의 아이디어를 5분 내에 기록하고 옆 사람에게 돌려 30분 내에 108개의 아이디어를 얻는 것을 목표

로 한다.

구체적으로는 아래와 같이 종이에 표를 그리고 하나씩 아이디어를 6장의 종이를 채우면 된다. 모은 아이디어들은 참석자들이 하나씩 검토하면서 창의적이거나 활용 가능한 것들로 우선적으로 선정하고 우선순위를 정하는 과정을 반복하여 아이디어를 정리해 나가면 된다.

〈표 6-3〉 브레인라이팅을 시행하기 위한 아이디어 기록장 예시

〈첫 번째 장〉

1	아이디어1	아이디어2	아이디어3
참여자 1	→	→	→
참여자 2	→	→	→
참여자 3	→	→	→
참여자 4	→	→	→
참여자 5	→	→	→
참여자 6	→	→	→

⋮

〈여섯 번째 장〉

6	아이디어1	아이디어2	아이디어3
참여자 1	→	→	→
참여자 2	→	→	→
참여자 3	→	→	→
참여자 4	→	→	→
참여자 5	→	→	→
참여자 6	→	→	→

2. 아이디어 선정

1) 우선순위 지도

우선순위 지도는 평가 기준을 토대로 최선의 아이디어를 찾는 활동이다. 다양하게 도출된 아이디어들을 X좌표, Y좌표의 기준에 따라 위치를 설정해 보자.

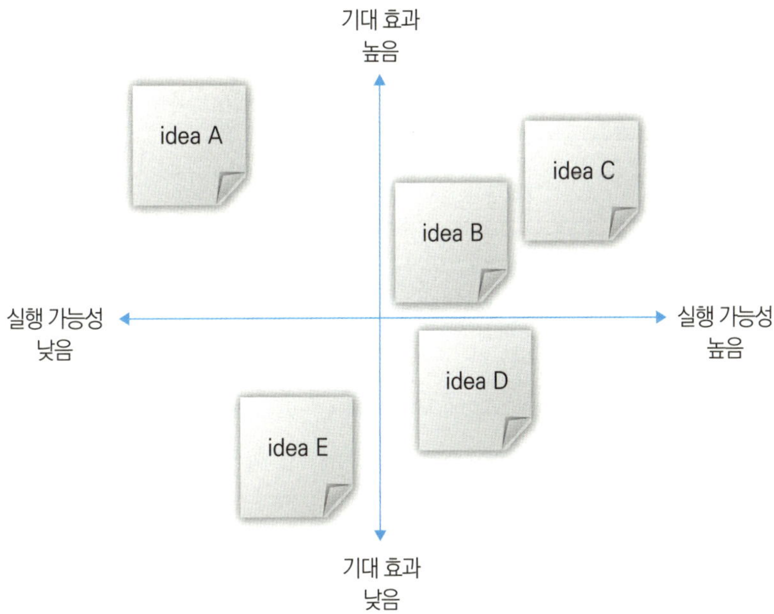

〈그림 6-2〉 우선순위 지도

2) 아이디어 평가표

평가 기준을 토대로 최선의 아이디어를 찾는 활동으로, 다양하게 도출된 아이디어들을 각 하위 평가 요인에 따라 점수를 매겨 보자. (예: 5: 매우 적합, 4: 적합, 3: 보통, 2: 미흡, 1: 매우 미흡)

	Idea A	Idea B	Idea C	Idea D
사용자 요구				
창의성				
실행 가능성				
기대 효과				
기 타				
합 계				

활동 6-1

학과		학번		이름	

5장의 활동 결과로 나온 문제를 해결하기 위한 아이디어를 만들어 보자.
브레인스토밍을 통해 다양한 아이디어를 탐색하여 적어 보자. 만약 브레인스토밍이 어렵다면 브레인라이팅(Brain Writing)을 해도 상관없다.

문제 정의 :
해결 방안 :

활동 6-2

학과		학번		이름	

스캠퍼(SCAMPER)를 이용해 구체적인 아이디어가 나올 수 있도록 탐색해 보자.

문제 정의:
해결 방안 탐색

SCAMPER	질 문	아이디어
대체 S	기존 것을 다른 것으로 바꾼다면?	
결합 C	A와 B를 합치면?	
응용 A	A에서 사용한 원리를 B에도 적용해 볼까?	
변형·확대·축소 M	A의 크기를 변형할 수 있을까?	
다른 용도로 사용 P	A를 다른 용도로 사용해 볼까?	
제거 E	A의 구성 요소의 일 부분을 없애 볼까?	
재구성 R	A에 대한 전제를 거꾸로 뒤집어볼까?	

활동 6-3

학과		학번		이름	

팀에서 나온 아이디어를 나열 후 분류해 보자.

다음 예시 기준들 중 2개를 선택하여 x, y좌표로 지정하고 우선순위 지도에 아이디어들을 분류해 보자. (기준 예시: 실행 가능성, 기대 효과, 사용자 요구, 창의성 등)

활동 6-4

학과		학번		이름	

우선순위

지도에 분류된 아이디어들 중 해결책으로 발전시키고 싶은 아이디어들은 어떤 것들이 있는가? '어플리케이션(소프트웨어)으로 개발' 한다고 가정할 때 발전시키고 싶은 아이디어를 선정 후 하나의 해결책으로 구체화해 보자.

제7장

디자인씽킹

– 모형 제작과 테스트

디자인씽킹 네 번째 단계는 "모형(Prototype) 제작"이다. 이 단계는 앞서서 도출된 아이디어를 실제로 보고 느낄 수 있는 형태로 제작해 보는 것이다. 만든 모형을 통해 아이디어가 머릿속에만 있을 때는 알 수 없었던 문제들을 도출하고 보완하는 과정을 거치게 된다.

다섯 번째 단계는 "테스트(Test)"이다. 많은 사용자들에게 모형을 사용할 기회를 주고 시험해 보는 과정으로 4단계에서 만든 제품을 실제 적용해 보는 것이다. 테스트 단계를 통해 제품의 완성도가 있는지, 경제적 관점에서 경제적 타당성을 갖췄는지, 기술적으로 대량 생산이 가능한지 등을 테스트할 수 있다.

학습 목표

- 창의적으로 문제를 해결할 수 있는 과정 중 [모형 제작]과 [테스트] 단계의 중요성과 그 역할에 대해 이야기할 수 있다.
- 스토리보드 작성 활동의 의미와 방법을 이해하고 수행할 수 있다.
- 모형 제작과 테스트를 통하여 창의적인 문제 해결을 위한 새로운 통찰을 얻을 수 있다.

이번 장에서는 디자인씽킹에서 모형 제작과 테스트 단계를 배워본다. 문제 해결을 위해 도출한 해결 아이디어를 모형으로 구체화해 보고 이를 보완하기 위한 피드백을 받아 보자.

〈그림 7-1〉 디자인씽킹의 5단계 프로세스

모형(Prototype)을 만든다는 것은 여러분의 아이디어나 해결책을 이해관계자나 최종 사용자에게 시각적으로 보여 주고, 입증할 수 있는 기회를 제공한다. 사람들이 더 쉽게 아이디어나 해결책을 이해할 수 있도록 하며 해결책을 더 잘 개선할 수 있을 뿐 아니라 그 사람들로부터 피드백을 얻을 수 있다. 모형은 물건이 될 수도 있고, 문제를 해결하는 방법, 스토리텔링, UCC, 노래 등 사용자에게 경험을 제공할 수 있는 것이면 된다. 모형은 완벽할 필요는 없다. 모형은 짧은 시간 안에 실체를 만들지만 여러 단계의 모형의 반복 과정을 거치면서 최적의 솔루션으로 개선하는 과정이다.

이번 장에서는 모형을 만드는 방법 중 스토리텔링 기법을 알아보고자 한다. 디자인씽킹에서 모형 제작을 위해 스토리텔링 기법을 사용함으로써 문제를 겪게 된 상황 및 배경부터 이를 해결해 나가는 과정을 일련의 이야기로 전달할 수 있다. 특히 그 해결 과정을 문제를 겪는 대상 및 이해관계자들의 이해를 돕고 보다 나은 해결책을 실제 개발하기에 앞서 실제 사용자에게 아이디어를 전달하고 피드백을 받아볼 수 있다. 우리가 고안한 문제 해결의 설득력을 높이기 위해 스토리텔링 기법을 알아보고 우리만의 아이디어를 살린 매력적인 스토리보드를 만들어 보자.

1. 스토리텔링 캔버스

스토리를 디자인할 때 알아 두어야 할 것은 반드시 목표가 있어야 한다는 것이다. 청중이 알거나, 느끼거나, 혹은 해결책을 들은 후 어떤 느낌과 생각이 들었으면 하는가? 목표를 선택적으로 가져갈 필요가 있다. 스토리 속에서 전하고 싶은 요점을 만들고 이를 이야기 속에서 잘 유지해야 한다. 스토리텔링을 하기 전 밑그림을 그리는 작업으로 다음 요소를 고려하여 스토리텔링 캔버스를 작성해 보고자 한다. 스토리텔링 캔버스는 청중, 사전과 사후, 감정의 롤러코스터의 요소를 반영하여 이야기의 큰 구조를 구성하게 된다.

사용자를 설득하기 위한 스토리텔링을 위해 디자인씽킹 활동으로 앞서 수행한 공감과 문제정의 결과를 적극 활용해 보자. 예를 들어 관찰 및 인터뷰 활동에서 도출한 사용자가 중요하게 생각하는 가치, 어려움을 겪는 상황과 소망을 요점을 구성하는 데 활용할 수 있을 것이며, 사용자 경험

로드맵에서 발견한 사용자의 감정이 부정적으로 되는 순간을 이야기의 위기 및 절정에 담을 수 있을 것이다.

1) 청중

스토리를 구성하기 전에 그들의 관심은 무엇인지, 그들이 왜 당신의 스토리에 귀 기울여야 하는지에 대해 다시 한번 정리해 보자. 청중을 명확히 설정하고 이야기를 구성해 나가면 더욱 설득력 높은 스토리가 될 것이다.

2) 사전과 사후

자신의 스토리가 의미 있는 것이 되려면, 청중을 변화시켜야 한다. 즉, 스토리텔링이 끝났을 때 청중의 신념, 감정, 지식이 변형 되어야 한다. 청중이 당신의 스토리를 듣기 전에 해당 문제를 어떻게 생각할까? 얼마나 해결 가능하다고 생각할까? 그들은 지금 그것에 관심이 있는가? 당신이 스토리를 끝냈을 때, 청중이 무슨 생각을 하면 좋겠는가? 청중의 관점에서 그것을 정의하려고 노력하는 것이 핵심이다.

3) 감정의 롤러코스터

좋은 스토리는 직선적이지 않다. 올라가는 곳과 내려가는 곳이 있다. 청중을 명확히 설정하고 스토리를 전달하는 목적이 정해졌다면, 이제 감정적 롤러코스터를 어떻게 스토리를 디자인할 수 있을지를 생각해 볼 시간이다. 절정의 순간은 어디인가? 중요한 주장이 있는 곳이 바로 그 지점이다.

〈표7-1〉 스토리텔링 캔버스 구성 내용

구분	세부 내용
주제	스토리 내에서 해결하고자 하는 문제가 무엇인가?
목표	스토리를 전달함으로써 성취하고 싶은 목표는 무엇인가? 왜 이 스토리를 말하는가?
청중	청중은 누구인가? 누가 이 이야기를 듣는가?
이전	청중은 당신의 스토리를 듣기 전에 문제를 어떻게 느끼고 생각하는가? 청중은 무엇을 알고자 하는가?
장면 설정	청중이 스토리 내에서 연출되는 상황에 공감하도록 감성, 윤리, 혹은 사실에 기초하여 맥락을 만들자.
요점 구성	전달하고 싶은 주요 메시지는 무엇이며, 그것이 청중의 심경 변화를 일으키는 데 도움이 될 것인가?
결론	이야기 속에 담긴 논점, 해결책은 무엇인가? 해결책을 어디에 배치할 것인가?
이후	청중이 이야기를 들은 이후에 뭔가를 느끼고, 생각하고, 이해하고, 원하는가? 구체적으로 전달하자

• 스토리텔링 캔버스 작성 예시

학업과 아르바이트로 스트레스에 시달리는 20대 대학생이 당뇨병으로 고통받고 있다. 학업과 생계, 건강 문제로 극심한 스트레스를 받는 이 학생의 문제를 해결하기 위해 해결 아이디어가 필요하다. 디자인씽킹 활동의 공감 및 문제 정의 단계에서 다음과 같은 내용을 도출하였다. 이를 참고하여 스토리텔링 캔버스를 작성해 본 예시는 다음과 같다.

■ 문제 정의

Define _ POV (Point-of-View)
고객의 핵심 needs를 한 문장으로 간결하게 정리함(사용자 + needs + surprising Insights!)
- 학업과 아르바이트를 병행해야 하는 20대 대학생 단국이는 건강 관리에 어려움을 겪고 있다. 이에 건강을 회복하고 싶고 무엇보다 약해진 의지력을 극복해서 장기적으로 건강을 유지하고 싶다.

〈표 7-2〉 스토리텔링 캔버스 예시

주제	목표	청중
"젊은 비만" 당뇨병에 시달리는 20대 대학생의 건강 고민 해결하기	20대 대학생의 심리적 스트레스와 건강 모두 지키기	문제 당사자

이전	장면 설정	요점 구성	결론(해결책)	이후
문제를 해결하고 싶으나 근본적인 원인이 무엇인지 모름 최근 중요하거나 재미있는 게 없고 무기력함	수업 내용이 어려워 스트레스를 받음 편의점에서 점심으로 도너츠를 사 먹음 아르바이트를 하다 현기증이 남 집에 오는 길 학업과 생활비, 건강 중 현재 내게 가장 중요한 게 무엇일지 고민하게 됨 지친 몸을 이끌고 집에 와 어제 끓여 먹은 라면 그릇을 보고 오늘도 또 먹을지 고민함	삶의 균형이 깨져서 시간 관리 어려움 고민을 실행에 옮기지 않고 고치고 싶은 습관을 반복함 고민이 해결책으로 나아가지 못 함	건강과 심리 회복을 도와주는 자기관리 어플 개발 - 어플 주요 기능: (1) 스트레스 받는 상황을 인지하는 센서 탑재 (2) 10초 동안 본인이 설정한 중요 가치(value) 문구 띄워주기 (3) 성공 시 10분 동안 자기 관리에 도움되는 활동을 카테고리별로 제공 (4) 10분 동안 유혹을 참으면 꽃이 핌(충격 제어 심리학 반영) (5) 5번 성공 시 건강 지원금 등 보상 제공	스트레스 받는 상황 스스로 인지하게 됨 10분 동안 다양한 방법으로 유혹을 참는 연습에 성공 건강 문제 및 고민 점차 해소

2. 스토리보드형 시나리오

디자인씽킹 활동에서 스토리보드 작성은 이야기를 듣는 대상(문제 당사자 혹은 이해 관계자들)에게 자신의 아이디어를 전달하기 위한 효과적인 수단이다. 스토리보드를 제작하는 데는 물리적인 맥락에서 제품과 상호작용하는 사람들을 그리는 것 외에도 개발하고자 하는 제품(어플리케이션) 사용 시 나타나는 화면을 계획한다는 목적이 있다. 이미지 중심으로 시나리오를 구성하는 방법을 가장 많이 사용되며, 이미지 중심으로 시나리오와 적절하게 혼합해서 표현하게 된다.

앞에서 작성한 스토리텔링 캔버스 내용을 토대로 스토리보드를 만들어보자. 스토리보드형 시나리오에는 문제를 인식하고 해결책의 필요성을 잘 표현해보자. 구체적인 해결 방안보다는 문제상황과 해결 방향의 요점이 잘 드러나도록 구성해보자.

3. 스토리보드(어플리케이션 화면 모형)

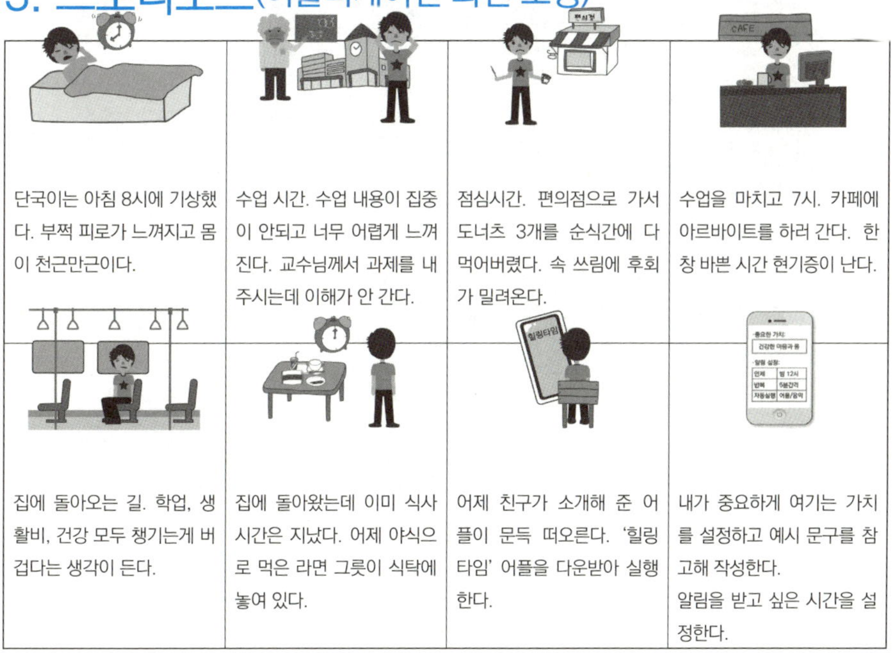

〈그림 7-2〉 스토리보드형 시나리오

앞에서 작성한 스토리보드 시나리오를 통해 해결책의 필요성을 사용자에게 전달했다면, 실제 해결책이 어떤 형태와 흐름으로 사용 가능한지 구체적인 어플리케이션의 화면과 정보를 담아 설계해 보자. 이 단계에서는 해결책을 사용하는 구체적인 방법에 대한 기능적인 측면을 자세히 언급하는 것뿐 아니라 해당 기능을 설계하게 된 의도를 기획 의도에 추가하여 사용자의 이해도를 높여 보자. 〈그림 7-3〉은 단국이의 건강 문제를 해결하기 위해 고안된 '힐링타임' 어플리케이션의 가상 화면이다. 〈그림 7-4〉는 해당 어플리케이션의 실행 순서, 시간을 고려하여 구조도로 표현하고 기획 의도를 추가한 예시이다. 어플리케이션 실행 화면을 기준으로

〈그림 7-3〉 화면 모형

제목(주제) 및 세부 사항을 적는다.(마름모 도형은 선택 구조)

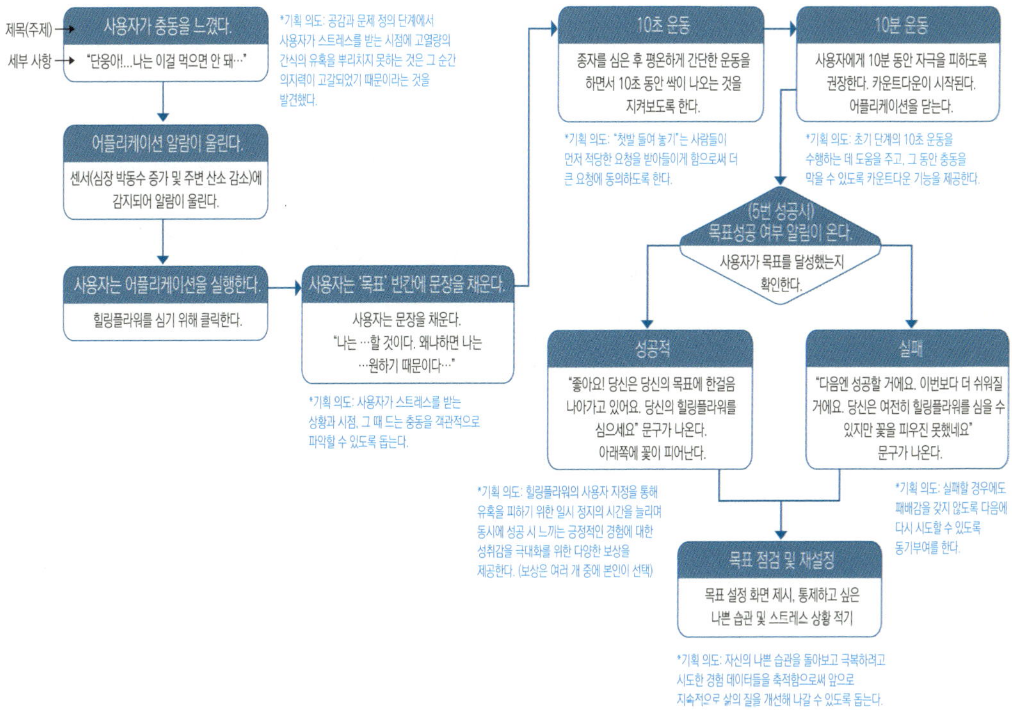

〈그림 7-4〉 화면 실행 순서 및 구조도

4. 피드백 받기 (테스트)

테스트는 어떤 생산품이나 서비스 디자인의 질, 신뢰성, 유효성을 만드는 평가 행위이다. 여러분의 최종 목표를 달성할 때까지 어떤 형태의 테스트 절차로도 진행할 수 있다. 예를 들면, 여러분의 이웃사람에게 쉽게 다가가 몇 가지 질문을 하듯이 모형은 될수록 단순해야 한다.

1) 피드백 수렴

- 여러 사람을 만나 자신의 모형을 보여 주고 피드백을 받아보세요.
- I Like(이 점이 맘에 들어), I Wish(이 점은 아쉬워), What if(이러면 어때?)…

〈그림 7-5〉 피드백 캡처 그리드(Feedback capture grid)

2) 피드백 양식 사례

- **양식 1)**

사용자 프로파일 / 배경

조나단 림, 27세
법률가, 독신

해결 방법/모형 장점	해결 방법/모형 단점
쉽게 폰 A를 켤 수 있음 색깔이 매력적임 버튼 조작이 쉬움 폰 A에 포함되어 있는 기능이 매우 만족스러움	사용자 인터페이스 구성이 혼란스러움 폰 A 가격이 눈살을 찌푸리게 함 폰 A의 크기가 주머니에 들어가기에 너무 큼

다른 피드백

만일 현재 가지고 있는 휴대폰을 폰 A로 바꿀 수 있는지, 바꾼다면 무슨 문제가 있는지 물어볼 것.

- **양식 2)**

평가기준	모형 A	모형 B	모형 C	모형 D
기능성	← 목적에 모두 도달 →			
가격			모든 사용자에게 모두 비쌈	
예술성		단웅이는 색깔에 매력을 느낌		
사용 편의성	모든 사용자가 단순하다고 생각함			
유지 보수성				단비는 내구성이 떨어진다고 생각함
기타				

활동 7-1

학과		학번		이름	

스토리텔링 캔버스

사용자가 겪고 있는 문제 상황을 토대로 스토리텔링 캔버스를 구성해 보자.

주제	목표	청중

이전	장면 설정	요점 구성	결론(해결책)	이후

- **점검표**
  - 청중의 생각과 느낌에 대해 분명한 아이디어를 갖고 있다.
  - 요점을 구성하기 위한 분명한 논점을 준비했다.
  - 스토리를 끝맺기 위한 강력한 한 가지 결론(해결책)을 갖고 있다.
  - 당신이 마주칠 수 있는 엄청난 비판 혹은 위험 요소를 알고 있으며, 그에 대한 대안이 있다.

활동 7-2

학과		학번		이름	

스토리보드 작성

앞에서 작성한 스토리텔링 캔버스 내용을 토대로 스토리보드를 만들어 보자.

활동 7-3

학과		학번		이름	

어플리케이션 화면 모형도

사용자의 문제를 해결하기 위한 해결책이 어떤 형태와 흐름으로 사용 가능한지 구체적인 어플리케이션의 화면과 정보를 담아 설계해 보자.

활동 7-4

학과		학번		이름	

어플리케이션 실행 순서 및 구조도

화면 모형을 그린 후 어플리케이션의 실행 순서, 시간을 고려하여 구조도로 표현하고 기획 의도를 추가해 보자.

활동 7-5

학과		학번		이름	

피드백 받기

최종 도출한 해결책에 대해 문제 대상자에게 피드백을 받아 보자.

I like “이런 점이 맘에 드네요”	Constructive Criticism “이 점은 동의할 수 없어요”
Questions “이건 뭔가요?	Wishes Ideas “이런 게 있으면 어떨까요?”

제8장

디자인씽킹으로 코딩하기

이번 장에서는 팀이나 개인이 선정한 주제를 토대로 앞에서 수행한 디자인씽킹 활동들을 하나의 결과물로 정리해 보고자 한다. 공감, 문제 정의, 아이디어 만들기, 모형 제작 단계에서 수행한 각 활동을 구체화해 보고 완성도를 높여 보자.

학습 목표

- 팀이나 개인이 해결하고자 하는 문제 상황과 해결책에 대해 설명할 수 있다.
- 어플리케이션을 개발하기 위한 일정을 계획하여 제시할 수 있다.

지금까지 문제를 해결하기 위해 학습한 공감, 눈제 정의, 아이디어 만들기, 프로토타입까지의 절차와 방법에 대해서 학습하였다. 창의적 사고라는 것은 다양한 관점에서 새로운 질문을 던져보는 것이다. 코딩이란 어떤 문제를 해결하기 위한 절차나 방법을 가르치기 위한 컴퓨터 사이언스이다. 본 과정을 통해 두 가지를 함께 생각하고, 기획하고, 프로토타입 제작 단계까지 실습해 보았다.

제작된 프로토타입은 디자인씽킹에 기반하여 사람의 요구, 기술의 타당성, 비즈니스의 실행 가능성 관점에서 조화를 이루었을 때 문제를 혁신적으로 해결할 수 있다. 지금까지 배운 내용을 토대로 해결하고자 하는 문제를 사용자를 중심으로 그 사용자의 필요를 파악하고, 그것을 분석하여 사용자가 어떤 부분에서 불편해 하는지, 또는 구현이 필요한지 생각해 보자. 그리고 이를 해결하기 위한 해결책을 어플리케이션으로 고안해 보자.

활동 8-1

학과		학번		이름	

어플리케이션의 개요

지금까지 학습한 내용을 토대로 나만의 아이디어로 일상생활 혹은 전공과 관련된 문제를 해결하기 위한 문제를 찾아보고, 이를 해결하기 위한 아이디어 및 프로토타입을 제작해 보자.

어플리케이션 이름	
문제 상황	
문제를 겪는 대상	
해결 아이디어	

활동 8-2

학과		학번		이름	

프로젝트 수행 계획 및 팀 역할 분담

지금까지 수행한 디자인씽킹의 공감, 문제 정의, 아이디어 만들기, 모형 제작 활동들을 정리해보자. 중간 프로젝트 제출을 위해 결과물의 완성도를 높이기 위해 해야할 일들을 정리해 보고 일정 및 팀별 역할 분담해 보자.

중간 프로젝트 평가 준거

다음은 중간 프로젝트를 평가하기 위한 평가 준거이다. 평가 준거를 고려하여 프로젝트 결과물을 검토해보고 완성도를 높여 보자.

구 분	평가 준거
결과물 (40)	• Desirability (문제의 근본에 접근하기 위한 노력 및 결과) • Feasibility (해결 아이디어의 구현 가능성) • Viability(해결 아이디어의 효율성 및 효과성)
프리젠테이션 (30)	• 발표 자료의 간명성 • 발표자의 전달력 • 청중의 호응 • 질의에 대한 응답 적절성
팀워크 및 수행 과정 (30)	• 팀원 간 협업 능력 • 팀원 간 갈등 해결 능력 • 역할 분담의 적절성

공감-서면 인터뷰

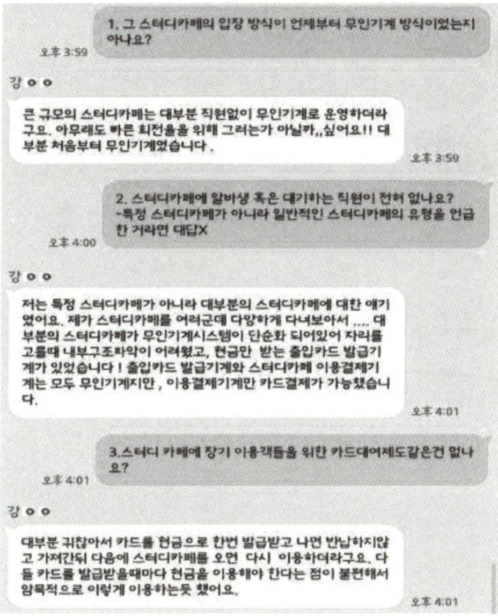

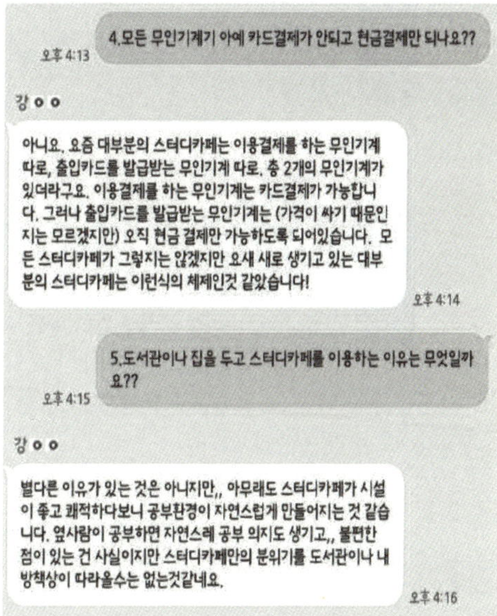

공감-기존 어플 사용자 만족도 조사

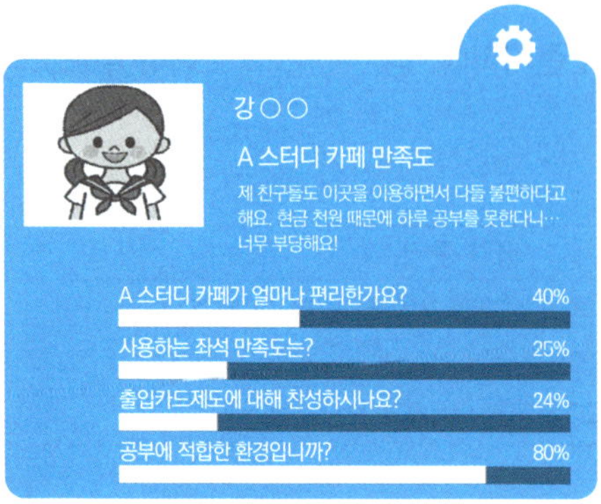

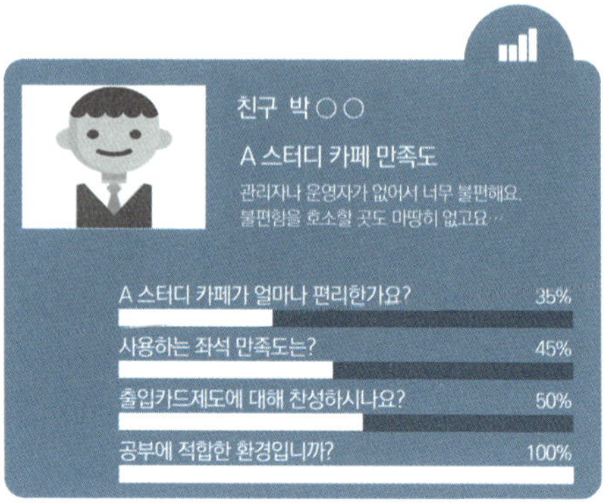

문제 정의-5 WHYS

1	WHAT	현금만을 이용해 출입 카드를 구입해야 하는 상황에 문제가 있다.
	Why	왜 출입 카드를 구입해야 하는데 현금만을 지급해야 하는가?
2	WHAT	카드를 받는 기계가 없는 것이 문제이다.
	WHY	왜 카드를 받는 기계가 없는가?
3	WHAT	이미 설비 자체를 현금으로만 해놓아 추가 설비 시 비용이 발생한다.
	WHY	이용객들 한테 추가로 돈을 받고 카드 기계를 도입할 수 없나?
4	WHAT	이용객들이 추가되는 비용을 납득하지 못할 것이다
	WHY	이용객들에게 카드 기계의 편리함을 알리고 이에 대해 양해를 구할 수없는가?
5	WHAT	그렇다 하더라도 추가되는 비용에 대해 대부분의 이용객들이 납득하지 못할 것이다.
	WHY	이용객의 불만을 없애면서 카드를 불필요하게 할 수는 없나?

공감 – 사용자 스토리(이용 흐름형)

탐색 순서	회원 가입	주거지 등록	관심사 등록	건강 사항 체크	원하는 기능 선택
상세 탐색 내역	·간단한 선택을 통한 회원 가입	·주변의 친구를 찾기 위해 ·도움 요청 시 빠른 대응을 위해	·관심사가 잘 맞고 원활한 대화가 가능한 친구를 사귀기 위해	·설문을 통해 건강 사항 체크 ·우울도 및 관련 친구 추천	·복지 기능 ·친구 찾기 ·도움 요청 (사회복지사와 연결)
Needs	·글씨의 크기가 커야함 ·요구 사항을 쉽게 이해할 수 있도록 그림으로 설명 ·문맹인을 위한 음성 인식 기능 탑재				
	·간단한 절차 친구찾기 기능과 사회복지사의 도움 요청 기능 분리	·GPS 인식을 통한 '내위치' 기능	·그룹이 나누어져야 하기 때문에 연령대별 추천 항목 제시	·보건소에서 공인된 건강증을 발급받아 앱 내에서 사진을 찍어 등록하면 자동 정리되어 보건증처럼 이용	·안전성이 파악될 수 있어야 함 ·도움 요청에 대한 접근성이 좋아야 함

공감 – 사용자 스토리(서술형)

49세의 미혼 16년 차 수도권 광역 대리 기사인 정병운 씨는 오후 9시부터 회사 뒤풀이나 유흥업소 등 밤늦게 인파가 많이 몰리는 장소에서 주로 대리 운전 업무를 시작한다. 직업 특성상 주차장에 차가 가장 많은 시간대에 주차를 해야 해서 주차가능한 자리와 차주가 원하는 특정 주차 위치를 빠르게 파악하기 위해 주차 앱을 이용해 주차를 한다. 하지만 기존의 주차 앱을 사용할 때마다 해당 주차장에 불법주차가 돼있는 경우가 빈번했다. 그럴 때마다 정병운 씨는 새로운 주차 공간을 계속 다시 찾아야 하는 불편함이 있었다. 이러한 이유로 정병운 씨는 앱에서 제공한 정보에 따라 주차하러 갈 때마다 주차를 못하는 경우가 많았다. 그때마다 정병운 씨는 **"무인 드론에 GPS 기능을 연동하여 주차장에 대한 정보 질을 향상시키게 함으로써 주차장 정보 오차 범위를 축소하면 좋을 텐데..", "불법 주차 차량을 사진 찍어서 신고할 수 있는 기능이 앱에 있었으면 좋겠다.", "불법 주차 차량 사태 방지를 위한 각 주차장에 대한 실시간 단속 녹화 기능(블랙박스 기능 수행)이 앱에 있었으면 좋겠다."**라는 생각을 한다. 이런 불편한 점들로 인해 결국 정병운 씨는 주차 앱을 스마트기기에 설치한 지 한 달도 안돼서 삭제했다. 이용자들의 탈퇴를 막기 위해 개선이 시급하다.

→ 사용 배경

→ 사용 과정

→ 불편 사항

→ 요구 사항

공감 - 페르소나

PROFILE	
 문단비 나이: 21 / 성별: 여 / 직업: 대학생	• **주거지**: 죽전역 근처 • **배경**: 어릴 적 교통사고를 당해 양쪽 다리가 크게 다친 이후 휠체어를 타고 다님 • **성격** - 눈치를 많이 봄 - 내향적 - 자립심이 강해서 홀로 무엇이든 하려는 편 • **주변 사람**: 부모님, 중고등학교 친구들, 도우미 학생, • **자주 사용하는 어플**: 인스타그램, 페이스북, 카카오톡, 카카오버스 • **주요 활동** - 전공 및 교양 수업을 들으러 가기 위해 셔틀버스로 통학 - 동아리에서 장애인 인권 개선 프로그램을 추진 중 - 문화체육관광부에서 지원하는 장애인스포츠강좌 이용권으로 배드민턴을 치러 다님 • **불편 사항** - 리프트가 마련되어 있지 않아 셔틀버스에 탑승할 때 불편함 - 셔틀버스에 대한 정보를 찾는 과정이 매우 복잡함 - 휠체어를 이용하다 보니 탑승 장소까지 가는 시간이 남들에 비해 조금 오래 걸려 탑승 선착순에서 밀리는 경우가 발생함 - 버스 위치를 자세히 알지 못해 언제부터 셔틀버스를 기다려야 하는지 애매함

아이디어 만들기-브레인스토밍

아이들의 소음을 녹음하여 자신의 소음에 대해 인식할 수 있도록 한다	아이들이 소음을 발생시킬 때마다 지속적인 교육을 한다.	아파트 자체적으로 아이들을 위한 실내 놀이 공간을 제작한다. 예) 실내 놀이방 or 소음이 발생되어도 괜찮은 공간	소음에 대한 경고를 주는 어플을 통해 스스로의 행동을 정화할 수 있도록 한다.
정적인 놀이를 집에서 해서 아이들의 소음을 감소시킨다. 예) 밀가루 점토 놀이	독서하는 즐거움을 알려주며 습관을 기를 수 있게 한다.	층간 소음 방지 매트를 설치해 밑의 집에 소음이 강하지 않게 만든다.	1층으로의 이사를 고려해본다.

배경 - 브레인스토밍

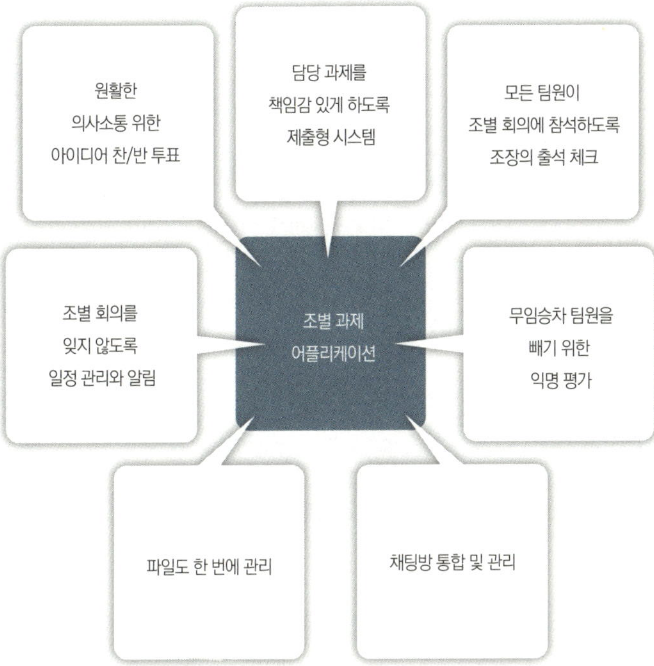

아이디어 만들기 -스캠퍼

프로토타입 - 스토리보드형 시나리오

프로토타입 - 스토리보드(어플리케이션 화면 모형)

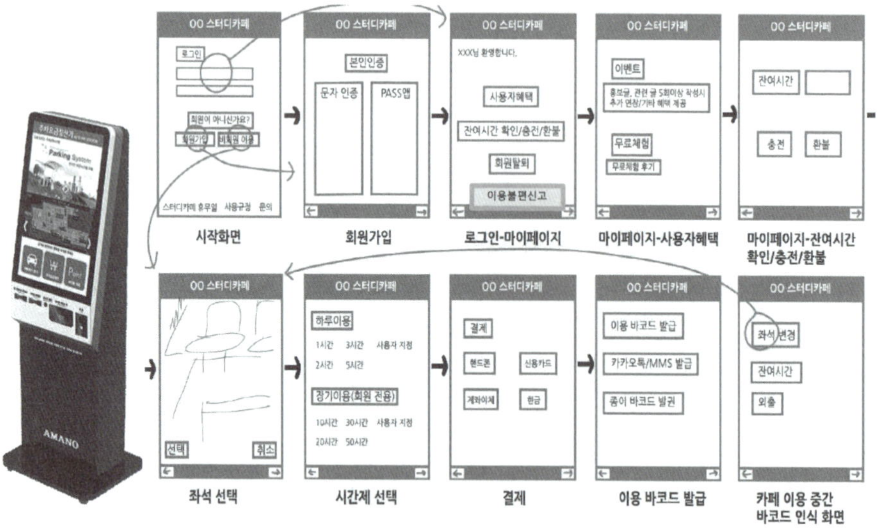

프로토타입 – 화면 모형

제3부

소프트웨어를 통한 창의적 사고의 구현

제9장

창의적 스토리 기반 프로그래밍 I

창의적사고와 코딩 교과목은 창의적 문제 해결력 함양에 목적을 둔다. 창의적 문제를 해결하는 과정에서 대학생에게 요구되는 21세기 핵심 역량인 비판적 사고력, 논리력, 협업 능력을 함양하기 위한 디자인씽킹 방법론을 기반으로 창의적인 프로그래밍을 위한 코딩 단계를 구성하였다.

이번 장에서는 창의적 스토리 기반으로 학습자들이 사용할 스크래치의 개발 환경과 기본 기능 및 문법에 대해 학습한다. 학습자들은 제시하는 가이드라인을 따라 스크래치를 실행하는 방법을 익히고 화면이 어떻게 구성되어 있는지 살펴본다. 제시한 예제를 통해 코딩을 실행해 봄으로써 학습자들이 스크래치에 대해 초기 이해를 갖도록 한다. 또한, 문제 해결에 필요한 여러 가지 스크래치 블록을 선택하여 조작할 수 있는 형태의 과제를 수행한다.

학습 목표

- 스크래치로 코딩을 구현할 수 있는 실행 방법과 화면 구성을 이해한다.
- 스크래치 블록의 종류 및 기본 조작 방법을 이해한다.
- 스토리 기반 문제 해결을 위해 필요한 동작, 형태, 소리, 음악, 이벤트 블록을 사용하여 간단한 스크래치로 구현할 수 있다.

1. 디자인씽킹과 코딩

디자인씽킹을 통해 우리는 공감과 문제 정의 그리고 아이디어를 도출할 수 있었다. 도출한 아이디어들 중 컴퓨팅으로 구현할 수 있는 해결안을 선택하여 모형을 제작하고 테스트할 때 비로소 디자인씽킹을 반영한 실제 어플리케이션이 나올 수 있다.

코딩은 프로그래밍을 하는 데 필요한 부분이라고 볼 수 있다. 코딩은 설계한 알고리즘(문제 해결을 위한 절차)을 컴퓨터가 이해할 수 있는 프로그래밍 언어를 통해 입력하는 것이다. 즉, 어떤 기능을 가진 프로그램을 만들지 입력해 주는 부분으로 프로그래밍에서 가장 기초적이면서 필수적인 작업이다.

요즘 코딩이 전 세계적으로 열풍이다. 코딩의 중요성이 주목받고 있는 가장 큰 이유는 단순히 기술을 배우는 교육이 아니라 생각하는 방법을 습득할 수 있는 교육이기 때문이다. 학습자는 코딩을 통해 자기 생각을 좀 더 쉽고 구체적이며 논리적으로 말하는 능력을 기를 수 있다. 이는 창의성과 논리적인 사고력 향상에도 긍정적인 영향을 끼친다. 스스로 문제를 해결하고 수정하는 과정에서 자연스럽게 논리와 창의성, 생각하는 힘이 길러지는 것이다.

앞으로 우리는 코딩을 통해 디자인씽킹으로 도출한 아이디어를 기반으로 구체적인 어플리케이션으로 구현해 볼 수 있다. 디자인씽킹을 통해 도출한 아이디어로 프로토타입을 제작하고, 스크래치로 코딩하여 구현한다. 프로토타입 제작 단계의 산출물인 메뉴 구조도와 화면 구성도를 이용하여 배경 및 스프라이트들을 구성할 수 있다. 이 과정에서 스크래치에 필요한 이미지나 영상 등의 리소스를 파악하고 준비해야 한다.

〈그림 9-1〉은 스크래치 코딩 순서를 보여 주고 있다. 문제 영역 단계에서 본질적인 문제를 정의하고, 해결 영역에서 모형 제작 후 스크래치로 구현한다. 스크래치 프로그래밍은 리소스를 준비하여 무대를 디자인하고, 스프라이트의 동작에 따라 코딩한 후 스크립트를 테스트하는 순서로 작업한다.

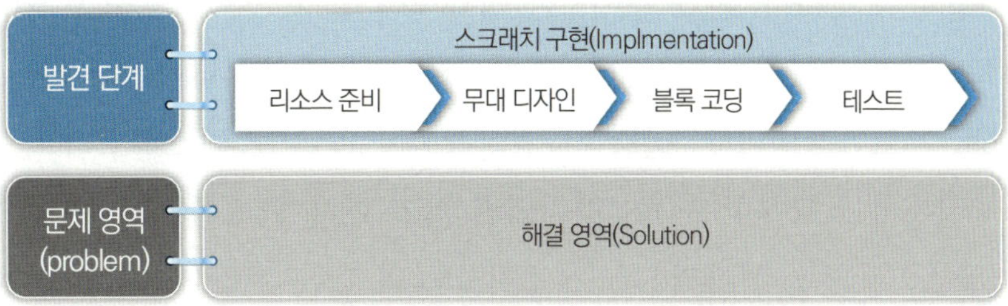

〈그림 9-1〉 창의적 프로그래밍을 위한 스크래치 코딩 과정

2. 스크래치

스크래치(scratch)는 MIT 미디어 연구소에서 개발한 프로그래밍 교육용 언어로 모든 연령층에서 사용하고 있다. 스크래치 프로그래밍은 학생들의 컴퓨터적 사고 능력 향상을 목표로 프로그래밍 기술을 쉽게 접근하여 스스로 학습하고, 이를 활용하여 창의적으로 문제를 해결해 나갈 수 있도록 설계되어 있다. 명령어 블록을 결합하는 방식으로 조작이 쉽고 결과물을 시각적으로 바로 확인할 수 있기 때문에 흥미를 느끼고 학습하는 데 최적화되어 있으며, 생성한 작품들은 스크래치를 공부하는 다른 사람들과 공유할 수도 있다.

스크래치에서 프로젝트를 작성하는 방법은 2가지로 하나는 스크래치 홈페이지에 접속하여 온라인 에디터를 사용하는 방법과 또 다른 방법은 스크래치 프로그램을 다운로드 받아 개인 PC에 설치하여 오프라인으로 사용하는 것이다. 본 교재에서는 컴퓨터에 설치하지 않고 웹 브라우저에서 직접 프로그램을 만들고 실행하도록 온라인 에디터를 사용하는 방법으로 프로그래밍한다. 실행 시 주의할 점은 인터넷 익스플로러(Internet Explorer)에서 스크래치 3.0이 지원되지 않기 때문에 크롬(Chrome)이나 파이어폭스(Fire Fox), 사파리(Safari), 엣지(Edge)와 같은 브라우저에서 실행해야 한다. 참고로, 오프라인 에디터를 사용하고자 한다면 홈페이지에 접속해서 하단의 지원 부분의 '다운로드' 메뉴를 선택한 후 안내에 따라 설치하면 내 PC에서 사용할 수 있다.

먼저, 웹브라우저 주소창에 스크래치 홈페이지(https://scratch.mit.edu)에 접속해 보자. 다음과 같이 스크래치의 첫 화면이 표시된다.

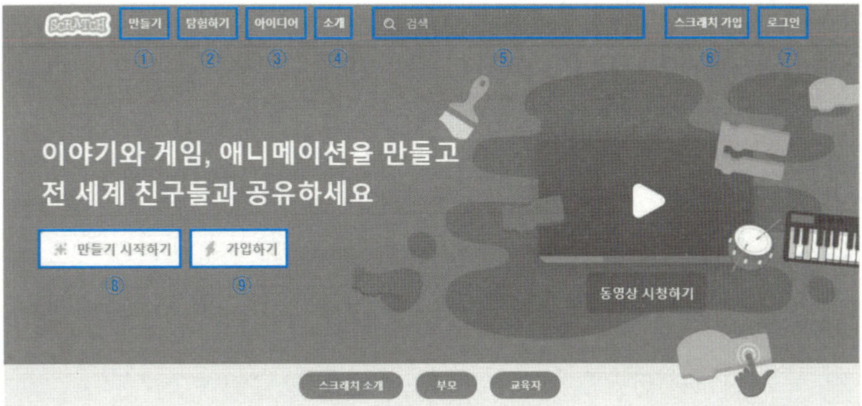

〈그림 9-2〉 스크래치의 첫 화면

① 만들기 : 스크래치를 프로그래밍할 수 있는 환경으로 이동한다.
② 탐험하기 : 다른 사람들이 만든 스크래치 프로그램들을 볼 수 있다.
③ 아이디어 : 다양한 주제에 대한 프로그래밍 방법을 교육받을 수 있다.
④ 소개 : 스크래치의 교육 목적, 개발 그룹 등에 대해 소개한다.
⑤ 검색 : 스크래치 이용자들의 프로젝트와 스튜디오를 검색한다.
⑥ 스크래치 가입 : 스크래치 계정을 생성한다.
⑦ 로그인 : 스크래치 계정으로 로그인한다.
⑧ 만들기 시작하기 : ① 만들기 메뉴와 같은 기능이다.
⑨ 가입하기 : ⑥ 스크래치 가입 메뉴와 같은 기능이다.

1) 가입과 로그인

스크래치 홈페이지에 프로젝트를 작성하기 위해서는 계정이 필요하다. '스크래치 가입' 메뉴를 통해서 회원 가입을 한 후 로그인해 보자. 가입 시 입력한 메일 주소로 확인 메일이 발송되므로 정확히 입력하고, 이메일 안의 링크를 클릭하여 가입을 완료하도록 한다.

로그인하면 주황색 배경의 알림 문구가 보이는데 이는 회원 가입할 때 입력한 공유를 위해 이메일 주소로 회원 가입 메일을 전송했으니 확인하라는 문구이다. 여기서 공유는 자신이 만든 프로젝트를 전 세계 사람들에게 공개할 수도 있고 다른 사람들의 프로젝트 결과물뿐 아니라 소스 코드까지도 볼 수 있도록 한다. 또한, 리믹스라는 기능을 제공하여 다른 사람들과 함께 협업하여 프로젝트를 수정하고 공유하여 발전시킬 수 있다.

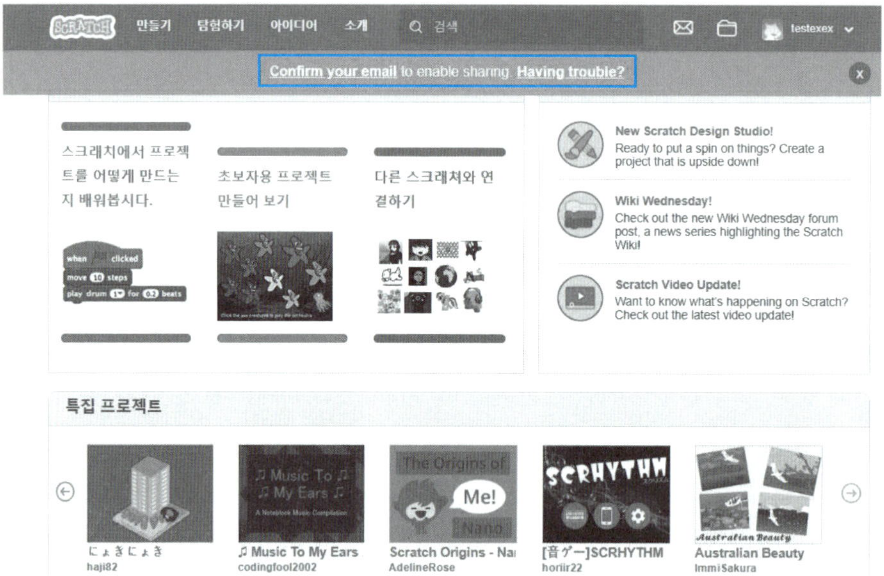

〈그림 9-3〉 로그인 후 스크래치의 사이트 화면

2) 스크래치 웹 사이트 메뉴

다음은 스크래치의 회원 가입자 로그인 화면 구성이다.

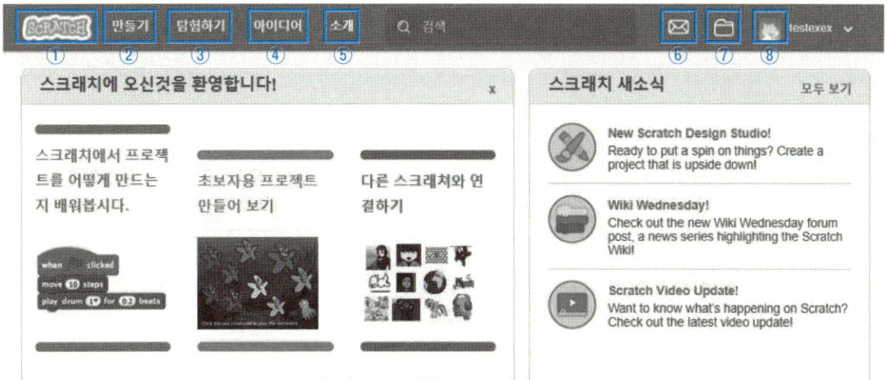

〈그림 9-4〉 스크래치 웹 사이트 메뉴 구성

① 스크래치 로고 : 웹사이트 시작 페이지로 이동한다.

② 만들기 : 스크래치 온라인 작업(편집) 화면으로 이동한다.

③ 탐험하기 : 여러 사용자들이 만든 다양한 프로젝트를 분야별로 분류하여 다른 사람들의 아이디어 등을 배우거나 직접 만든 작품을 공유할 수 있다.

④ 아이디어 : 스크래치 시작하기, 가이드, 기타 유용한 자료와 링크가 가득하며, 스크래치 사용자들의 소통 공간이다.

⑤ 소개 : 스크래치 소개, 부모를 위한 글, 교육자를 위한 글 등 스크래치에 관한 전반적인 소개 자료를 제공한다.

⑥ 메시지 : 공지 사항, 업데이트, 프로젝트 댓글 알림이나 사용자와 메시지를 확인하여 빠르게 소통할 수 있도록 한다.

⑦ 내 작업실 : 직접 만든 프로젝트와 스튜디오를 관리한다.

⑧ 내 정보 : 스크래치 사이트에 등록된 개인 정보를 관리할 수 있으며, 내 작업실, 계정 설정 및 로그아웃을 한다.

3) 스크래치 화면 구성

'만들기' 메뉴를 이용하여 스크래치 프로그래밍 화면으로 이동한다. 스크래치의 프로그래밍 화면 구성은 크게 메인 메뉴 바, 블록팔레트와 스크립트 영역의 스크립트 작업 창, 프로그램 실행 창, 스프라이트 및 무대 관리 창, 개인 저장소로 구성되어 있다.

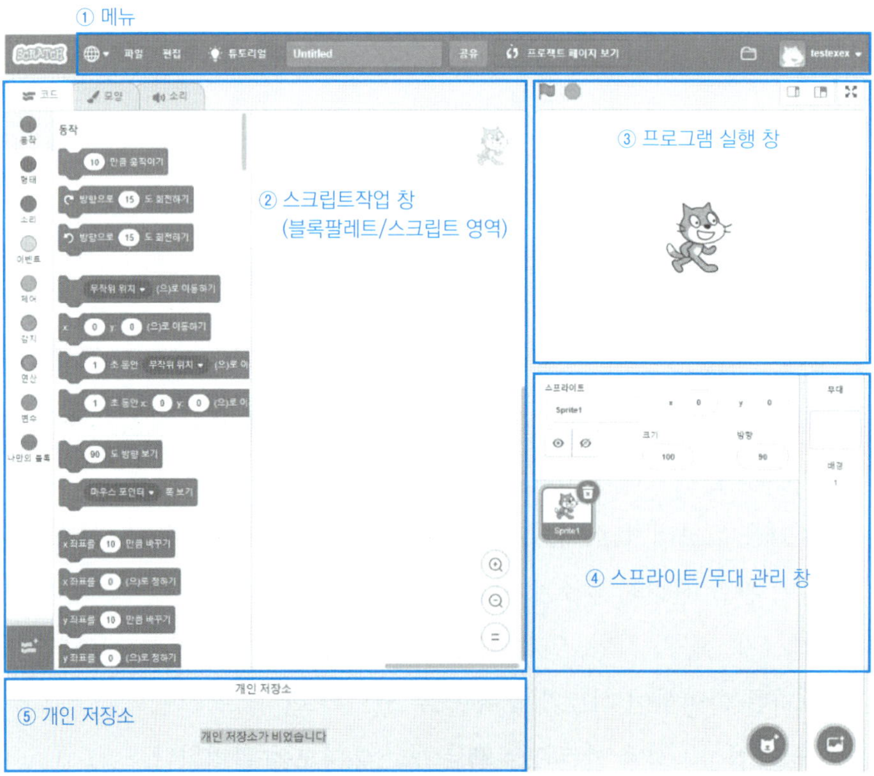

〈그림 9-5〉 스크래치의 화면 구성

① 메뉴 : 프로그램을 실행하는 데 필요한 일반적인 기능을 모아 두었으며, 파일, 편집, 튜토리얼로 구성되어 있다. 메뉴 바의 기능을 통해 각 나라별 언어 설정, 파일 저장하기/불러오기, 튜토리얼 검색, 프로젝트 이름 정하기, 프로젝트 페이지로 이동, 내 작업실로 이동, 로그아

웃, 계정 관리를 할 수 있다.

② 스크립트 작업 창 : 프로그램을 작성하기 위해 필요한 블록팔레트와 이 블록들을 이용하여 스프라이트와 무대의 스크립트를 작성하는 곳이다. [코드], [모양], [소리]로 구분된 탭을 이용하여 스프라이트와 무대의 스크립트 작성뿐만 아니라 모양 변경 및 소리 편집 등의 다양한 작업을 할 수 있다. [코드] 탭을 선택하면 블록을 배치할 수 있는 스크립트 영역이 나오며, [모양] 탭에서는 스프라이트의 모양 목록이나 무대의 배경 목록을 보여 주고, 수정하거나 삭제, 추가할 수 있도록 한다. [소리] 탭은 현재 선택한 무대나 스프라이트에 지정한 소리의 목록을 보여 주고 소리를 설정하는 기능을 제공한다.

코드 탭	모양 탭	소리 탭
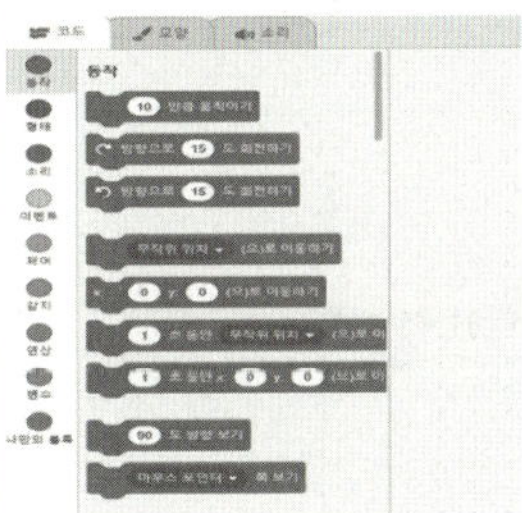		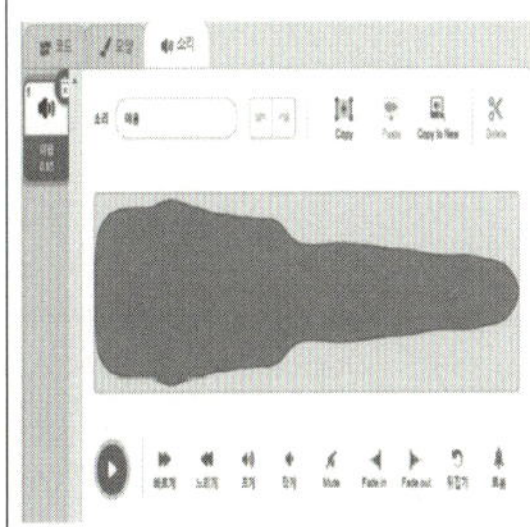
프로그래밍을 위한 9개의 팔레트가 있으며, 팔레트 이름을 클릭하면 팔레트 내의 명령 블록이 표시된다.	스프라이트의 추가 동작 모양 여부를 확인할 수 있으며, 추가도 가능하다. 오른쪽에는 그림판 창이 열려 스프라이트 수정도 가능하다.	저장소에서 소리 추가, 소리를 녹음해서 사용, 컴퓨터에 저장된 소리를 불러와서 사용할 수 있다.

〈그림 9-6〉 스크래치 탭 메뉴

③ 프로그램 실행 창 : 프로그램 실행 창에서는 스프라이트와 무대의 행동을 작성하는 스크립트들을 실행하여 보여 준다. 프로그램 실행 창의 좌측에 있는 깃발 메뉴는 프로그램 실행 시작하기, 빨간 동그라미 메뉴는 프로그램 실행 멈추기 기능을 수행한다. 우측에 있는 메뉴들은 프로그램 실행 창의 크기를 변경한다.

④ 스프라이트/무대 관리 창 : 스프라이트/무대 관리 창에서는 스프라이트와 무대 배경을 선택, 추가, 삭제하는 등의 관리 작업을 할 수 있다. 그리고 스프라이트의 이름, 위치, 크기, 방향 등을 변경할 수 있고, 화면에 보이고 숨기는 기능도 사용할 수 있다. 또한, 무대 배경을 편집하는 메뉴도 제공한다. 무대는 스프라이트가 움직이는 공간으로 모든 프로젝트는 1개의 무대가 반드시 필요하며, 무대를 꾸미는 배경은 여러 개로 바꿀 수 있다. 무대는 스프라이트와 마찬가지로 실행 블록을 가질 수 있지만 동작 블록은 사용할 수 없다. 무대는 폭이 480이고 높이가 360인 x축과 y축으로 이루어진 좌표로 이루어져 있으며, x축 범위는 -240~+240이고 y축 범위는 -180~+180의 값을 가진다.

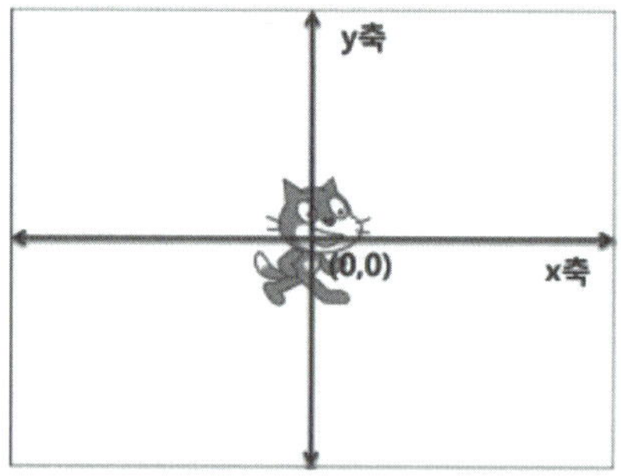

- 좌표 범위
  x값 : -240 ~ 240(좌, 우 방향)
  y값 : -180 ~ 180(상, 하 방향)

〈그림 9-7〉 스프라이트의 위치 및 무대 크기

스프라이트 목록에는 작품에 필요한 스프라이트들이 모여 있고 각 스프라이트 정보를 보여 주거나 간단한 설정을 할 수 있다.

⑤ 개인 저장소 : 개인 저장소에는 스프라이트들을 저장할 수 있다. 이때 스프라이트에 포함된 스크립트도 함께 저장되므로 자주 사용될 가능성이 있는 스프라이트들이나 중요한 스프라이트들은 저장소에 담아 다시 활용하도록 한다.

4) 스크래치 구성 요소

스크래치 프로그램은 하나의 프로젝트로 정의하는데 이를 구성하는 필수적인 요소는 무대(Stage)와 스프라이트(Sprite), 그리고 실행을 명령하는 스크립트(Script)이다.

무대	스프라이트	스크립트(프로그램을 만들기 위한 명령)	
 atom playground	 Abby		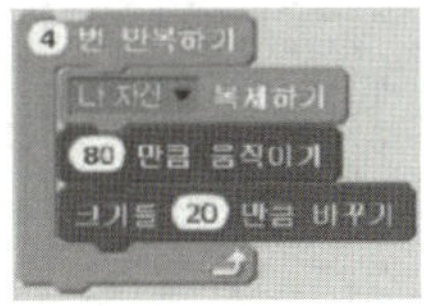
배경	스프라이트	고양이 스프라이트를 복제하고 80만큼 움직인 후 크기가 20만큼 바꾸기를 4번 반복한 스크립트	

〈그림 9-8〉 스크래치 구성 요소

무대는 스프라이트의 배치 작업하는 공간이며, 스크래치 실행 결과를 볼 수 있다. 배경 화면으로 한 프로젝트에 한 개 이상의 무대를 가질 수 있다. 무대의 배경은 스크래치에서 제공해 주는 것을 사용할 수 있고 직접 만들거나 촬영하여 생성할 수도 있다.

스크립트에 의해 움직이고 소리 낼 수 있는 그림, 글자, 도형 등으로 스크래치 프로그램에 등장하는 주인공 및 모든 객체를 의미하고, 가장 기본적으로 고양이 형태의 스프라이트가 화면에 등장한다. 한 프로젝트에서 고유의 이름과 다양한 모양으로 표현되며 위치, 이동 방향에 대한 정보를 가지고 있다. 스프라이트는 직접 그릴 수도 있고, 촬영하여 생성하거나 스크래치에서 제공해 주는 스프라이트를 선택하여 사용할 수도 있다.

스크립트는 스프라이트가 일을 수행할 수 있도록 명령을 모아 놓은 집합이다. 무대 위에 스프라이트를 어떻게 움직이게 할 것인지, 블록 형태의 명령어를 찾고 조립하고 실행하는 공간으로 블록의 조합으로 구성되어 있다.

5) 파일 저장 및 공유하기

작성한 프로그램은 [내 작업실]이나 컴퓨터에 저장할 수 있다. 또한, 오프라인 에디터에서 작성한 프로그램도 온라인으로 업로드가 가능하고 공유할 수 있다. [메뉴 바] 중앙에 있는 프로젝트 이름 창에 제목을 입력하고, [파일]-[저장하기]를 선택한다. 이 작업이 완료되면 작성했던 스크래치 프로그램이 [내 작업실]에 저장된다. 컴퓨터에 저장은 [메뉴 바]의 [파일]-[컴퓨터에 저장하기] 메뉴를 선택하면 된다. [내 작업실]에 저장된 프로그램은 스크래치의 [내 작업실] 메뉴를 선택하여 불러올 수 있다. 참고로, [내 작업실] 메뉴를 사용하려면 스크래치 계정에 로그인한 상태여야 한다.

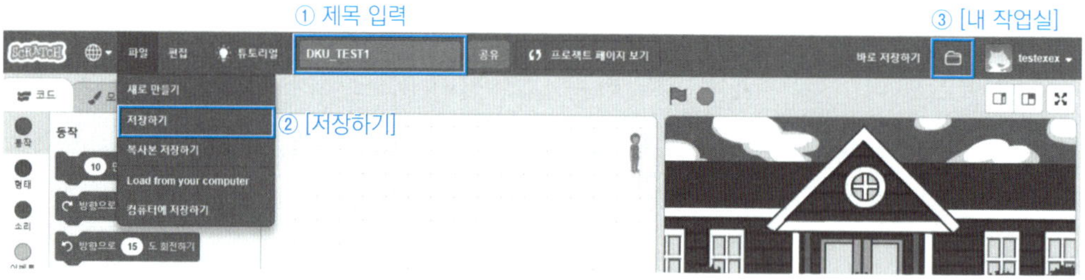

〈그림 9-9〉 프로그램 저장하기

〈그림 9-10〉 [내 작업실]에 저장된 프로그램

컴퓨터에 저장된 프로그램을 불러올 때는 [파일]-[Load from your computer] 메뉴를 이용한다.

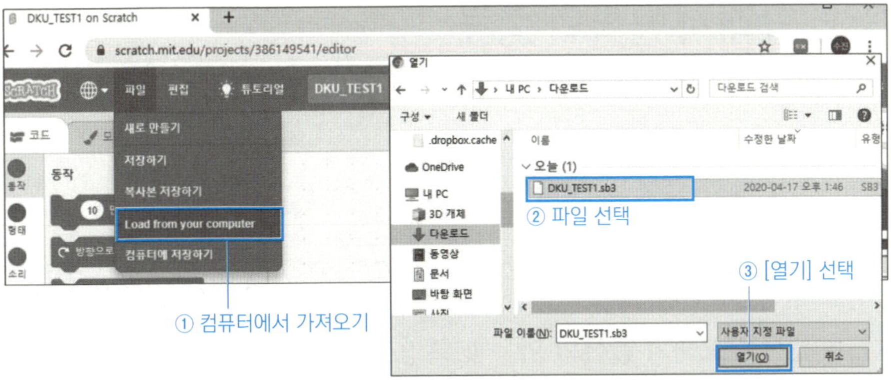

〈그림 9-11〉 컴퓨터에 저장된 프로그램 불러오기

프로젝트 관리 페이지는 작성한 프로그램의 사용 방법 또는 참고 사항 등을 기술하고 [공유]를 클릭하면 다른 사용자와의 공유 설정을 통해 댓글과 평가도 받을 수 있다. [스크립트 보기] 부분을 클릭하면 프로그램 환경으로 이동한다.

〈그림 9-12〉 프로젝트 관리 페이지

스크래치 프로그램 저장 후, 스크래치를 종료할 때는 브라우저창을 닫아 종료한다.

3. 스크래치 블록의 종류

1) 스크래치 블록의 종류

스크래치는 마우스로 다양한 모양의 블록들을 조립하여 프로그래밍한다. 따라서 스크래치 블록의 기능과 특징을 정확히 이해하여 적절하게 활용할 수 있도록 한다. 스크래치의 [스크립트 작업 창]-[코드] 탭에 블록들이 기능별로 분류되어 있다. 기능별로 고유한 색으로 분류되어 있어 원하는 블록을 찾을 때 편리하다.

블록 팔레트	동작	형태	소리	이벤트	제어	감지	연산	변수	나만의 블록
확장 기능	음악	펜	비디오 감지	텍스트 음성 변환(TTS)	번역	Makey Makey			
	Micro:bit	LEGO MINDSTORMS EV3	LEGO BOOST	LEGO Education WeDo 2.0	Go Direct Force & Acceleration				

〈그림 9-13〉 스크래치 블록 구성

[동작] 블록은 스프라이트의 위치, 방향, 움직임을 제어할 때 사용하는 기능을 제공한다. [형태] 블록은 무대와 스프라이트의 형태를 제어하는 기능을 제공한다. [소리] 블록은 소리와 관련된 제어 기능을 제공한다. [이벤트] 블록은 클릭, 키보드 입력, 배경 변화, 음량, 메시지 수신/방송에 대한 처리 기능을 제공한다. [제어] 블록은 반복과 선택, 기다리기, 멈추기, 복제에 대한 제어 기능을 제공한다. [감지] 블록은 스프라이트 간의 거리

와 충돌 여부, 특정 키의 입력, 현재 시간 등을 감지하는 기능을 제공하고, [제어] 블록과 같이 사용된다. [연산] 블록은 사칙 연산을 비롯해 다양한 계산을 할 때 활용할 수 있으며, 주로 제어 블록과 함께 사용된다. [변수] 블록은 개발자가 프로그램을 제어하는 데 필요한 숫자나 문자를 저장하고 있는 블록으로 변수와 리스트 정의, 세부 내용을 조작할 수 있는 기능을 제공한다. 스크래치에서는 동작, 형태, 소리, 이벤트, 제어, 감지, 연산, 변수 이렇게 8가지의 기본적인 카테고리를 제공하고 있으며 사용자가 직접 만든 블록이 분류되어 있는 [나만의 블록]이 있다. 또한, 확장 기능을 통해 추가된 확장 기능 카테고리도 따로 제공하고 있다. 추가된 확장 기능에는 음악, 펜, 비디오 감지, 텍스트 음성변환, 번역, 키보드 자판으로 만들기, 감지하고 반응하는 로봇, 모터 및 센서를 이용하여 스크래치 프로그램을 작성하는 등의 기능들이 있다. 필요에 따라 확장 기능을 추가하면 기본적인 카테고리에 관련된 기능들이 생성되며 이를 활용하여 프로그램을 작성할 수 있다.

스크래치 프로그램을 작성할 때 사용하는 블록은 색 표현으로 구분할 뿐만 아니라 여러 요소에 따라 고유의 모양으로도 구분되어 표현한다. 이는 중요한 요소로 문장, 자료와 변수, 조건, 제어, 이벤트, 절차 등을 표현하며, 대부분의 프로그래밍 언어에서 공통으로 사용된다.

블록 범주	블록 형태	블록 범주	블록 형태
문장 블록		제어 블록	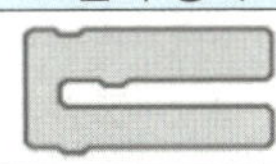
자료/변수 블록		이벤트 블록	
조건 블록		절차 블록	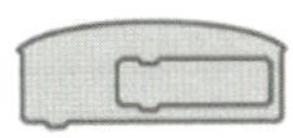

〈그림 9-14〉 스크래치 블록의 프로그래밍 요소에 따른 분류

2) 스크래치 블록의 기본 사용법

스크래치 프로그램을 작성하기 위해서는 블록들의 기본 사용법에 대해 알고 있어야 한다. 스크래치 프로그래밍은 필요한 블록들을 가져와 조립하거나 분리 또는 복사하고 필요 없으면 삭제하는 작업을 통해 이루어진다. 블록을 사용하기 위해서는 블록 팔레트 명령 그룹에서 블록팔레트에 있는 블록을 선택한 후 스프라이트 스크립트 영역에 '드래그 앤 드롭'하여 사용한다. 스크래치의 블록 완성 방법은 블록들을 활용해서 스크립트를 작성할 경우 블록 모양에 맞추어 조립, 분리, 복사하여 명령어를 완성할 수 있다.

(1) 블록 가져오기/삭제하기

필요한 블록을 가져올 때는 해당 블록을 선택한 후 [스크립트 작업 창]으로 드래그하면 된다. 삭제할 때는 [스크립트 작업 창]에서 블록 모음 쪽으로 드래그하거나 해당 블록에서 마우스 오른쪽 버튼을 누르고 [블록 삭제하기]를 선택한다.

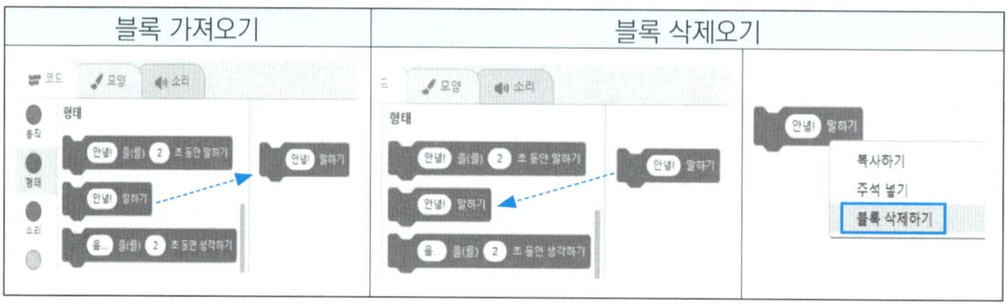

〈그림 9-15〉 블록 가져오기/삭제하기

(2) 블록 조립하기/분리하기

블록을 조립하고자 할 때는 블록을 가까이 가져가면 조립할 위치가 회색의 블록 음영으로 표시되는데, 이때 마우스 버튼을 놓으면 자동으로 조립된다. 반대로 블록을 분리할 대는 조립된 블록의 일부를 마우스로 클릭하여 멀리 드래그하면 된다. 이때는 회색의 블록 음영이 사라질 때까지 드래그해야 한다.

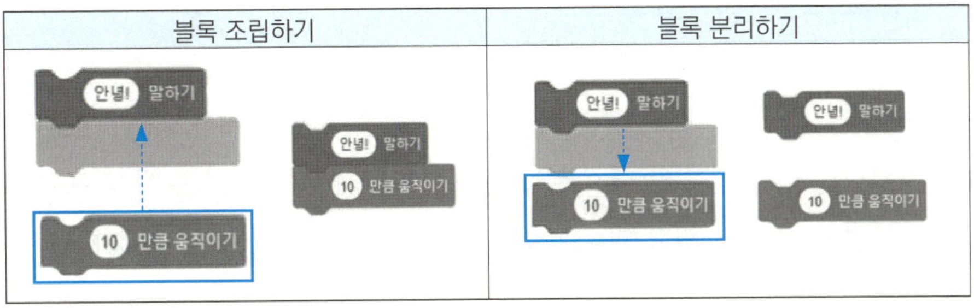

〈그림 9-16〉 블록 조립하기/분리하기

(3) 블록 복사하기

블록 복사하기는 마우스 오른쪽 버튼을 누른 채 [복사하기] 메뉴를 선택하면 된다. 블록 하나만 복사할 수 있고, 아래로 연결된 블록들을 함께 복사할 수 있다. 또한, 이 블록들을 다른 스프라이트에 복사할 수도 있다. 유사한 기능을 갖는 스프라이트들의 스크립트를 작성한다면 블록 복사하기 기능을 사용하여 프로그래밍 시간을 줄일 수 있다.

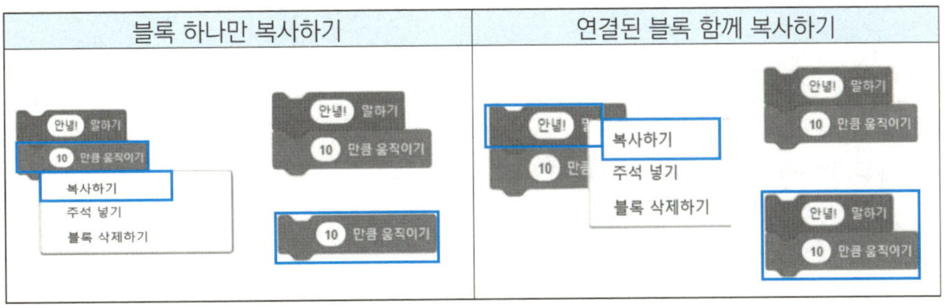

〈그림 9-17〉 블록 복사하기

4. 스크래치 코딩해보기 1

1) 프로그램 단계별로 코드 작성하기

스크래치로 프로그래밍할 수 있는 환경 및 블록에 대해서 살펴보았다면 다음과 같은 스토리를 토대로 스크래치를 작성해 보자. 스크래치 프로그램을 작성하기 위해 필요한 스프라이트와 무대, 블록들에 대해 생각해 보고, 이를 스크립트 작업 창에 작성한 후 실행해 보자.

■ 단웅이의 스토리 예

단웅이가 오늘 학교에서 지나가던 단비를 만났다.
우린 서로를 향해 '안녕' 인사를 하고 수업에 늦었다며 곧바로 헤어졌다.

(1) 스크래치 코딩을 위한 배경·스프라이트 선택

이제 본격적으로 단웅이의 스토리를 기반으로 필요한 배경과 스프라이트를 생각해보자. 배경으로는 '학교에서'와 같이 '학교'로 설정하고, 스프라이트는 '단웅', '단비'를 생각해 볼 수 있다.

■ 필요한 배경 및 스프라이트

배경	학교
스프라이트	단웅, 단비

먼저, [만들기] 메뉴를 이용해 스크래치 프로그래밍 화면으로 이동한 후 서로를 향해 인사할 수 있는 배경인 학교를 만든다.

[스프라이트/무대 관리 창]에서 [배경 고르기]를 클릭 한 후 'School' 배경 선택한다.

〈그림 9-18〉 무대 배경 선택

두 번째, 주인공인 '단웅', '단비'의 역할을 할 스프라이트 두 개를 추가한다. [스프라이트/무대 관리 창]에서 [스프라이트 고르기]를 클릭한 후 단웅 역할을 할 'Devin' 선택하면 스프라이트가 추가됨을 볼 수 있다. 그리고, 단비 역할을 할 'Abby'도 찾아 스프라이트를 추가한다.

〈그림 9-19〉 스프라이트 추가

기본적으로 제공되는 고양이 스프라이트는 삭제하며, 스프라이트 이름을 변경하도록 합니다. 'Devin'을 '단웅'으로 'Abby'를 '단비'로 변경한다. [스프라이트/무대 관리 창]에서 스프라이트 이름을 '단웅'으로 변경하고 같은 방법으로 '단비'로 변경한다.

〈그림 9-21〉 스프라이트 삭제 및 이름 변경하기

(2) 스크래치 코딩을 위한 대화와 행동

스프라이트를 추가하였다면 동작을 구현하기 위한 스크립트를 작성해야 한다. 스크립트를 작성하기 위해서는 먼저 대상을 선택하고 필요한 동작들을 수행할 수 있도록 한다. 단웅이의 스토리에 필요한 대화와 행동은 '단웅'이는 '안녕'하고 오른쪽으로 이동하고, '단비'는 '안녕'과 '수업에 늦었어'를 하고 왼쪽으로 이동을 한다.

단웅	'안녕' , 오른쪽으로 이동
단비	'안녕' '수업에 늦었어' , 왼쪽으로 이동

[스프라이트/무대 관리 창]에서 '단웅'이 스프라이트를 선택한다. [스크립트 작업 창]에서 [코드] 탭을 선택한 후 '단웅'이 스프라이트의 스크립트를 작성한다. '단웅'이의 스토리를 구현하기 위한 스크립트 작성에는 [동작]블록, [형태] 블록, [소리] 블록, [이벤트] 블록 필요하며, 이들 블록에 대해 간단하게 기본적인 스크립트 작성 방법에 대해 알아본다.

먼저, [동작] 블록은 스프라이트를 움직일 수 있는 블록으로 [코드] 탭에서 동작을 클릭하면 여기에 속하는 모든 블록들을 볼 수 있다.

〈표 9-1〉 [동작] 블록

블 록	설 명
10 만큼 움직이기	설정된 값만큼 움직이며, 양수는 전진, 음수는 후진
↻ 방향으로 15 도 회전하기	설정된 각도만큼 시계 방향으로 회전
↺ 방향으로 15 도 회전하기	설정된 각도만큼 시계 반대 방향으로 회전
무작위 위치 ▾ (으)로 이동하기	마우스 포인터나 다른 스프라이트 위치 또는 무작위 위치로 이동
x -38 y -6 (으)로 이동하기	좌표(x,y)로 이동
1 초 동안 무작위 위치 ▾ (으)로 이동하기	설정된 시간동안 마우스 포인터, 다른 스프라이트, 무작위 위치로 이동
1 초 동안 x -187 y -29 (으)로 이동하기	설정된 시간 동안 좌표(x,y)로 이동
90 도 방향 보기	설정된 방향으로 보기 0도 위쪽, 90도 오른쪽, 180도 아래쪽, -90도 왼쪽
마우스 포인터 ▾ 쪽 보기	마우스 포인터나 다른 스프라이트 위치로 보기
x 좌표를 10 만큼 바꾸기	X좌표를 설정한 값만큼 변경

x 좌표를 (-187) (으)로 정하기	X좌표를 설정한 값으로 변경
y 좌표를 (10) 만큼 바꾸기	Y좌표를 설정한 값만큼 변경
y 좌표를 (-29) (으)로 정하기	Y좌표를 설정한 값으로 변경
벽에 닿으면 튕기기	벽에 닿으면 반대 방향으로 전환함
회전 방식을 [왼쪽-오른쪽 ▾] (으)로 정하기	회전 방식을 왼쪽-오른쪽, 회전하지 않기, 회전하기
(x 좌표) (y 좌표) (방향)	각각 X좌표 값, Y좌표 값, 방향 값

스프라이트의 위치는 스프라이트 모양의 중심 좌표(x좌표, y좌표)변경, 바라보는 방향을 기준으로 전진 또는 후진, 마우스 포인터 위치로 이동, 다른 스프라이트가 있는 위치로 이동, 무작위 위치로 이동 등을 통해 구현할 수 있다. 스프라이트 모양의 중심은 스프라이트의 위치와 방향 변경의 기준이 되는 지점이며, 스프라이트 모양의 정중앙에 위치하며 필요에 따라 변경할 수도 있다. 스프라이트의 방향은 회전 각도를 직접 설정하거나, 마우스 포인터 또는 다른 스프라이트를 바라보게 함으로써 변경할 수 있다. 바라보는 방향이 변경되면 그 방향을 정면으로 바라보도록 회전할 수 있으며, 방향을 크게 좌측과 우측으로 구분하여 좌우로만 바라보도록 회전할 수 있다. 마지막으로 회전 방식 모드 설정에 따라 스프라이트가 벽에 닿아 튕길 때 모습이 달라질 수 있다.

[형태] 블록은 무대와 스프라이트의 형태를 조작하는 기능으로 모양, 크기, 색깔, 픽셀화, 소용돌이, 말풍선, 생각풍선 등을 제공한다.

〈표 9-2〉 [형태] 블록

블 록	설 명
(안녕!) 을(를) (2) 초 동안 말하기	입력한 내용을 설정한 시간 동안 말풍선으로 보임
(안녕!) 말하기	입력한 내용을 말풍선으로 보임
(음...) 을(를) (2) 초 동안 생각하기	입력한 내용을 설정한 시간 동안 생각풍선으로 보임
(음...) 생각하기	입력한 내용을 생각풍선으로 보임

모양을 devin-d ▾ (으)로 바꾸기	스프라이트를 설정한 모양으로 변경
다음 모양으로 바꾸기	스프라이트를 모양 리스트의 다음 모양으로 변경, 리스트의 마지막 모양이라면 처음 모양으로 변경
배경을 School ▾ (으)로 바꾸기	무대 배경을 설정한 배경으로 변경
다음 배경으로 바꾸기	무대를 배경 리스트의 다음 배경으로 변경, 리스트의 마지막 배경이라면 처음 배경으로 변경
크기를 10 만큼 바꾸기	스프라이트의 크기를 설정한 값만큼 변경
크기를 100 %로 정하기	스프라이트의 크기를 설정한 비율로 변경
색깔 ▾ 효과를 25 만큼 바꾸기	스프라이트 색깔 등의 그래픽 효과를 설정한 값만큼 변경
색깔 ▾ 효과를 0 (으)로 정하기	스프라이트 색깔 등의 그래픽 효과를 설정한 값으로 정함
그래픽 효과 지우기	스프라이트에 적용된 그래픽 효과를 지움
보이기 숨기기	스프라이트를 무대에서 보이고, 사라지게 함
맨 앞쪽 ▾ 으로 순서 바꾸기	스프라이트를 맨 앞에 보이게 함
앞으로 ▾ 1 단계 보내기	스프라이트를 설정한 값만큼 뒤로 옮김
모양 번호 ▾	현재 모양이 모양 리스트에 위치한 순서를 구함
배경 번호 ▾	현재 배경이 배경 리스트에 위치한 순서를 구함
크기	스프라이트 모양의 크기를 확인

스프라이트는 모양을 여러 개 보여줄 수 있는데 이 모양들을 이용하여 애니메이션을 구현할 수 있다. 스프라이트가 어떤 모양을 취할지 결정할 수 있으며, 모양은 목록으로 관리된다. [스크립트 작업 창]에서 [모양] 탭을 선택하면 스프라이트가 갖고 있는 모든 모양의 목록을 볼 수 있다. [형태] 블록 중 [다음 모양으로 바꾸기]를 실행하면 스프라이트가 현재 취하고 있는 모양 다음에 나열된 모양으로 변경하는 기능을 수행한다. 이들 모양의 순서는 마우스로 드래그하여 변경할 수 있으며, 모양을 추가할 수 있다.

〈그림 9-22〉 스프라이트의 모양 목록

또한, 모양을 추가하여 새로운 스프라이트의 모양을 만들 수 있으며, 스프라이트의 모양 외에 색깔, 픽셀화, 소용돌이, 크기 등의 다양한 그래픽 효과 기능과 말풍선, 생각풍선을 출력하는 기능도 제공한다.

〈그림 9-23〉 스프라이트의 모양 복사/붙이기

[소리] 블록은 소리와 관련된 조작 기능을 제공하며, 특정 음원 파일이나 다양한 악기 소리, 그리고 사람의 음성을 출력할 수 있다.

〈표 9-3〉 [소리] 블록

블 록	설 명
pop ▾ 끝까지 재생하기	설정한 소리의 재생을 마칠 때까지 기다렸다가 다음 블록을 실행
pop ▾ 재생하기	설정한 소리를 재생하면서 다음 블록을 실행
모든 소리 끄기	소리 끄기
음 높이 ▾ 효과를 10 만큼 바꾸기	음 높이 또는 음향의 위치를 설정된 값만큼 변경
음 높이 ▾ 효과를 100 로 정하기	음 높이 또는 음향의 위치를 설정된 값으로 변경
소리 효과 지우기	소리에 적용된 음 높이와 음향 위치 변경 효과를 모두 없앰
음량을 -10 만큼 바꾸기	음량을 설정한 값만큼 변경
음량을 100 % 로 정하기	음량을 설정한 값으로 맞춤
음량	음량을 구함

[소리] 탭 메뉴와 확장 기능 중 [음악] 기능과 [텍스트 음성 변환(TTS)] 기능에서 제공한다.

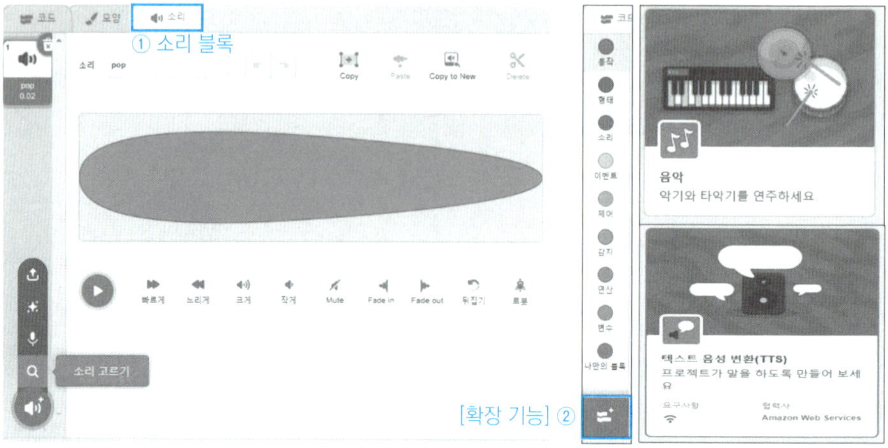

〈그림 9-24〉 [소리] 탭과 [확장 기능]

확장 기능 중 [음악] 기능만 추가하여 살펴보면 [코드] 블록의 맨 마지막에 추가되며, 이와 관련된 블록들을 생성된다. 악기를 선택하고, 음계와 박자를 정하여 음악을 연주할 수 있다. [텍스트 음성 변환(TTS)] 기능을 추가하면 여러 언어로 작성된 문장을 음성으로 출력하는 블록들이 생성되며, 음성은 저음부터 고음까지 설정할 수 있다.

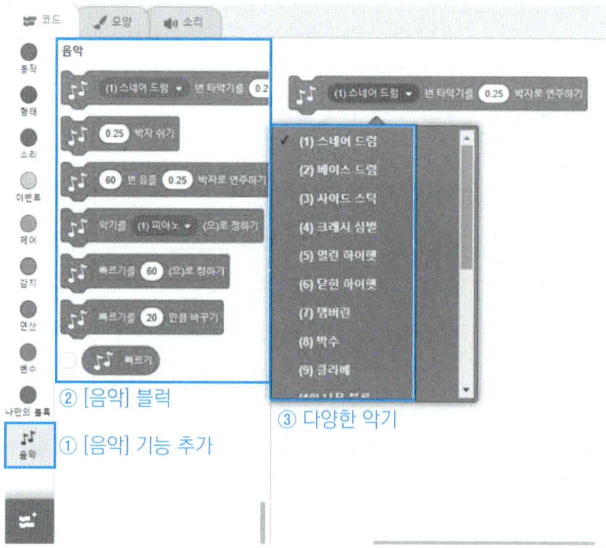

〈그림 9-25〉 [음악] 기능

[이벤트] 블록은 [코드] 탭의 [이벤트] 메뉴에 있으며, 마우스 클릭, 키보드 입력, 배경 변화, 음량, 메시지 수신/방송에 대한 처리 기능을 제공한다. 이벤트란 어떤 동작을 실행시키는 사건을 의미한다. 프로그램에서도 반응해야 할 이벤트들이 존재하는데 대표적인 예가 마우스 클릭, 키보드 입력 등이다. 스크래치의 이벤트 처리 기능을 활용하면 감지 기능과 마찬가지로 다양한 동작을 쉽게 프로그래밍할 수 있다. 예를 들어, 무대 배경이 학교일 때 공부를 하다가 배경이 공원으로 바뀌면 산책하도록 주인공의 행동을 변경할 수도 있다. 따라서 이때는 무대 바뀜 이벤트를 활용하여 스프라이트의 형태와 동작을 변경한다.

〈표 9-4〉 [이벤트] 블록

블 록	설 명
클릭했을 때	(녹색 깃발) 실행을 클릭하면 아래에 연결된 블록들을 실행
스페이스 ▾ 키를 눌렀을 때	설정한 키를 누르면 아래에 연결된 블록들을 실행
이 스프라이트를 클릭했을 때	이 블록을 포함한 스프라이트를 클릭하면 아래에 연결된 블록들을 실행
배경이 배경 1 ▾ (으)로 바뀌었을 때	설정한 배경으로 바뀌면 아래에 연결된 블록들을 실행
음량 ▾ > 10 일 때	음량, 타이머의 값, 비디오 동작 등이 설정한 값보다 크면 아래에 연결된 블록들을 실행
메시지1 ▾ 신호를 받았을 때	설정한 메시지를 받으면 아래에 연결된 블록들을 실행
메시지1 ▾ 신호 보내기	모든 스프라이트에 메시지를 보내고 다음 동작을 즉시 실행
메시지1 ▾ 신호 보내고 기다리기	모든 스프라이트에 메시지를 보내 이 메시지를 받으면 실행되는 블록들이 실행을 마친 후에 다음 동작을 실행

[이벤트] 블록 중 메시지 신호와 관련된 블록들의 사용법을 알아보면 스프라이트는 사용자가 이름을 정한 특정 메시지를 같은 프로그램에 존재하는 모든 스프라이트와 무대에게 전달할 수 있다. 메시지를 보낸 스프라이트 자신도 그 메시지를 전달받게 된다. [메시지 신호 보내기]는 '메시지

방송'이란 용어로도 표현된다. 〈그림 9-26〉과 같이 [안녕]을 방송하도록 메시지의 이름을 정하고 신호를 보내면 반응해야 할 행동들을 대응하는 이벤트 블록인 [신호를 받았을 때]에서 처리하면 된다. 메시지 방송의 활용 목적은 두 가지로 메시지를 방송하는 주체가 다른 대상에게 어떤 행동을 유발하기 위함과 자기 자신의 행동을 병렬적으로 수행하기 위해서이다.

메시지 신호 보내기	메시지 신호를 받았을 때
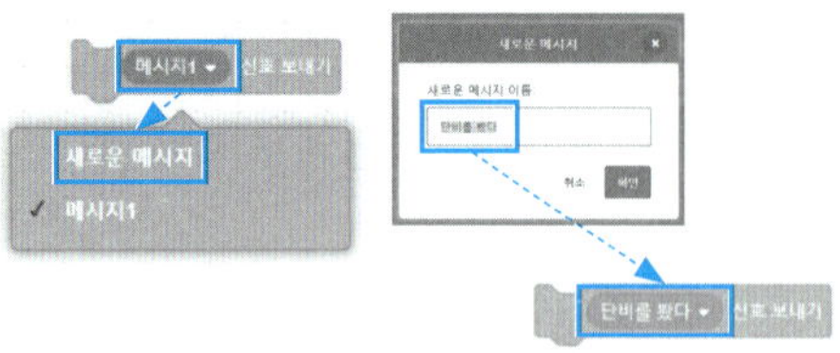	

〈그림 9-26〉 메시지 방송과 활용 예시

(3) 스크래치 코딩을 위한 대화 진행 구현하기

이제 단웅이와 단비의 스토리에 맞는 스크립트를 작성해 보자. 우선 단웅이가 오른쪽으로 길을 걷다가 단비를 만난다. 따라서, 단웅이의 동작을

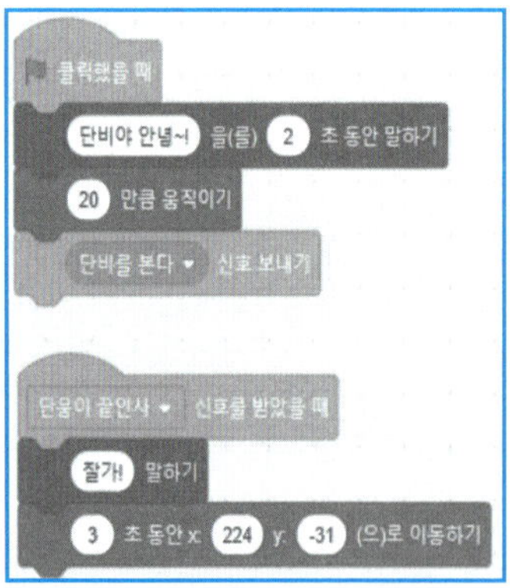

〈그림 9-27〉 단웅이의 스크립트 작성

구현하기 위해서는 앞에서 설명한 [동작], [형태], [이벤트] 블록들이 필요하다. 우선 스프라이트의 크기를 70으로 줄이고, 위치는 원하는 곳에 설정한다.

단비의 동작을 구현하기 위해서도 역시 [동작], [형태], [이벤트] 블록들을 사용하며, 이때 서로 신호를 받고 보내기 처리가 이루어짐을 확인하자. 또한, 무대 밖으로 나가기 위한 좌푯값을 확인하여 값을 설정하고, 단비는 방향이 오른쪽에서 왼쪽이므로 스프라이트 방향의 값을 '-'로 설정한다.

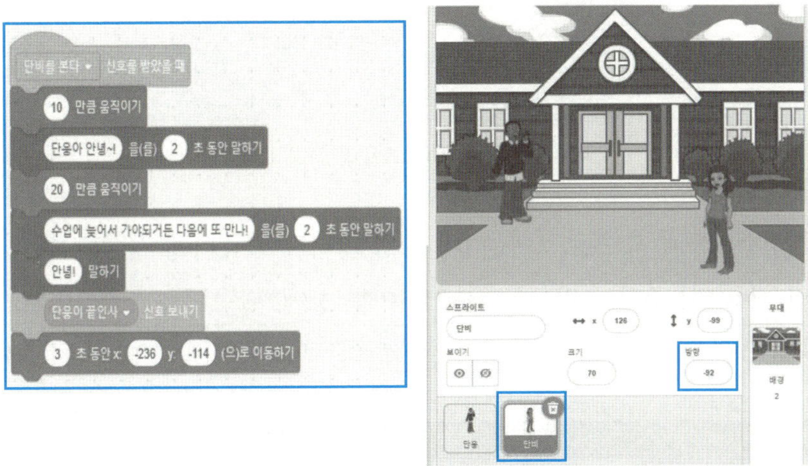

〈그림 9-28〉 단비의 스크립트 작성

⑷ 프로그램 실행 및 저장

작성한 프로그램을 [프로그램 실행 창]에서 실행하면 단웅이가 인사를 하고 단비도 인사 후 '수업에 늦어서 가야 되거든 다음에 또 만나!' 하고 인사를 하고 서로 다른 방향으로 인사를 하면서 이동한다. 프로그램을 실행하기 전에 단웅이와 단비 스프라이트를 적당한 위치에 옮길 수 있으며, 프로그램을 실행하고 있을 때도 스프라이트의 위치를 옮길 수 있다. 실행하는 동안 마우스로 스프라이트의 위치를 옮기면 스프라이트는 위치가 바뀐 상태에서 이동한다.

프로그램 실행 화면을 웹페이지 전체 화면으로 설정하면 확대된 실행 화면에서는 스프라이트들의 위치를 마우스로 옮길 수 없다.

〈그림 9-29〉 '단웅이의 스토리' 프로그램 실행

작성한 스크래치 프로그램은 [내 작업실]이나 컴퓨터에 저장할 수 있다. [메인 메뉴 바] 중앙에 있는 프로젝트 이름 창에 '단웅이의 스토리'라고 입력하고 [파일]-[저장하기] 메뉴를 선택한다. 이 작업이 완료되면 지금까지

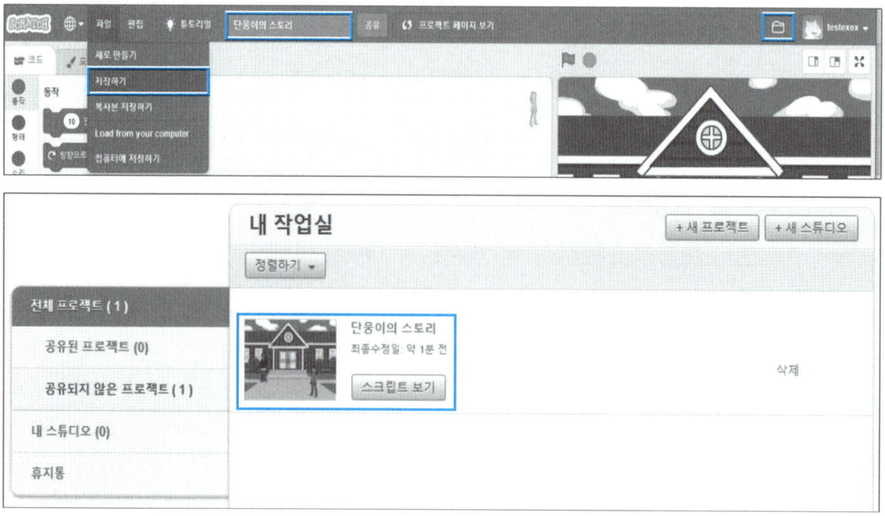

〈그림 9-30〉 '단웅이의 스토리' 프로그램 저장

했던 스크래치 프로그램이 '단웅이의 스토리'라는 이름으로 [내 작업실]에 저장된다. '단웅이의 스토리' 프로그램을 컴퓨터에 저장하려면 [메인 메뉴 바]의 [파일]-[컴퓨터에 저장하기] 메뉴를 선택한다. 추가로 필요에 따라 프로젝트 관리 페이지에서 다른 사용자와의 공유 설정을 하도록 한다.

활동 9-1

학과		학번		이름	

'단웅이의 스토리'와 같이 단웅이와 또 다른 스프라이트들을 추가하여 '함께 운동하자'라는 주제로 프로그램을 작성하시오.

① 스크래치 코딩을 위한 배경, 스프라이트 선택

② 스크래치 코딩을 위한 대화와 행동

③ 스크래치 코딩을 위한 대화 진행 구현하기

④ 프로그램 실행과 저장 및 공유

활동 9-2

학과		학번		이름	

일상생활에서 디자인씽킹을 적용한 문제 해결안으로 스크래치를 구현할 장면의 일부를 작성하시오.

① 스크래치 코딩을 위한 배경, 스프라이트 선택

② 스크래치 코딩을 위한 대화와 행동

③ 스크래치 코딩을 위한 대화 진행 구현하기

④ 프로그램 실행과 저장 및 공유

수업 자료 및 참고 문헌

1. 픽사베이 : https://pixabay.com/ko/
2. 스크래치란 : https://scratch.mit.edu/
3. 화면 구성 : 고광일, 『컴퓨팅 사고력을 키우는 블록 코딩 스크래치 3.0』, 한빛아카데미, 2019.

제 10 장

창의적 스토리 기반 프로그래밍 Ⅱ

학습자들은 문제 해결에 필요한 다양한 화면과 기본 기능 및 문법에 대해 스스로 창작할 수 있다. 제시한 예제를 통해 코딩을 집적 실행해 봄으로써 제어/감지/연산/변수에 대해 학습할 수 있다. 그리고 문제 해결에 필요한 여러 가지 블록을 선택하여 응용하는 과제를 수행한다.

학습 목표

- 스크래치로 코딩을 구현할 수 있는 실행 방법과 화면 구성을 이해한다.
- 스크래치 제어, 감지에 대해 이해한다.
- 스토리 기반 문제 해결을 위해 제어, 감지, 연산, 변수 블록을 사용하여 간단한 스크래치로 구현할 수 있다.

1. 스크래치 코딩해보기 2

1) 다양한 명령 코드 작성하기

앞에서 우리는 다양한 블록을 조립하여 간단한 스크래치 명령어들을 수행해 보았다. 이번 장에서는 제어, 감지, 연산, 변수 등과 같은 블록을 이용하여 다양한 활용 방법을 학습하도록 한다. 다음 제시하는 상황에 필요한 무대, 스프라이트, 블록들에 대해 생각해 보고, 이를 스크립트 작업창에 작성한 후에 실행해 보자.

■ 안전하게 길 건너기

단국이는 차가 쌩쌩 달리는 횡단보도를 안전하게 건너고 싶다.
파란 신호불이 켜지면 길을 건너고, 빨간 신호불이 켜지면 건너지 않는다.
버스는 빨간 신호불이 켜지면 움직이고, 사람과 부딪히면 움직이지 않는다.

(1) 스크래치 코딩을 위한 배경, 스프라이트 선택

단국이의 스토리를 기반으로 필요한 배경과 스프라이트를 생각해 보자. 교통안전에 관한 문제를 구현하고자 한다. 배경은 차도와 인도가 있는 것으로 선택하고, 스프라이트는 버스, 단국이(사람), 신호등으로 정한다. 반드시 책에 있는 배경과 스프라이트를 선택할 필요는 없다.

■ 필요한 배경 및 스프라이트

배경	횡단보도 배경
스프라이트	버스, 단국이(사람), 신호등

먼저, [만들기] 메뉴를 이용해 스크래치 프로그래밍 화면으로 이동한 후에 배경과 스프라이트를 선택하도록 한다. [스프라이트/무대 관리 창]에서 [배경 고르기]를 클릭 한 후 'Urban' 배경을 선택한다.

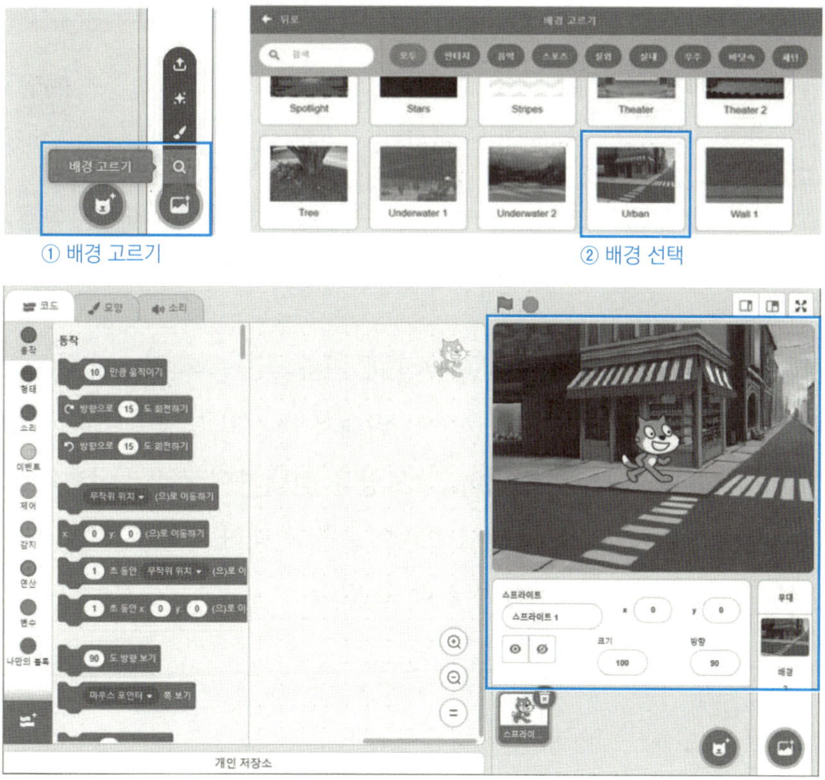

〈그림 10-1〉 무대 배경 선택

두 번째, '차량'과 '단국이'에 해당되는 스프라이트 두 개를 추가한다. [스프라이트/무대 관리 창]에서 [스프라이트 고르기]를 클릭한 후, 'City Bus'와 'Avery Walk'를 선택한 후에 각각 스프라이트의 이름을 '버스'와 '단국이'로 변경한다. 이때, 기본적으로 제공하는 고양이 스프라이트는 삭제한다.

〈그림 10-2〉 스프라이트 추가

사람은 왼쪽에서 오른쪽으로 움직이고, 버스는 오른쪽에서 왼쪽으로 이동한다. 자연스러운 장면을 연출하기 위해서 버스의 모양을 좌우 반전하였다. 버스 스프라이트를 선택하고, 모양을 선택하면 스프라이트의 모양 변경이 가능하다. 아래와 같은 스프라이트를 선택하고 좌우 뒤집기를 클릭하면, 스프라이트의 모양을 변경할 수 있다.

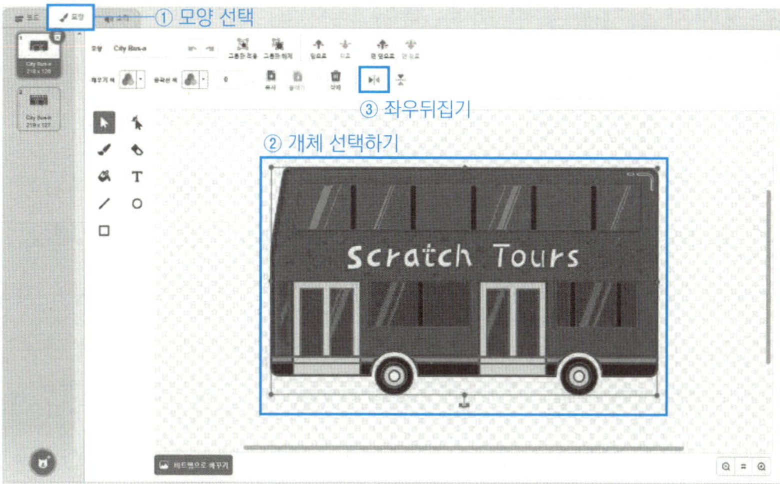

〈그림 10-3〉 버스 스프라이트 모양 바꾸기

신호등을 그려보자. 신호등에 적당한 이미지를 인터넷에서 가져와도 되고, 아래 그림과 같은 방법으로 직접 그려도 된다. 두 가지 모양의 신호등을 그린 다음에 스프라이트 모양의 이름을 'Red'와 'Green'으로 정의한다.

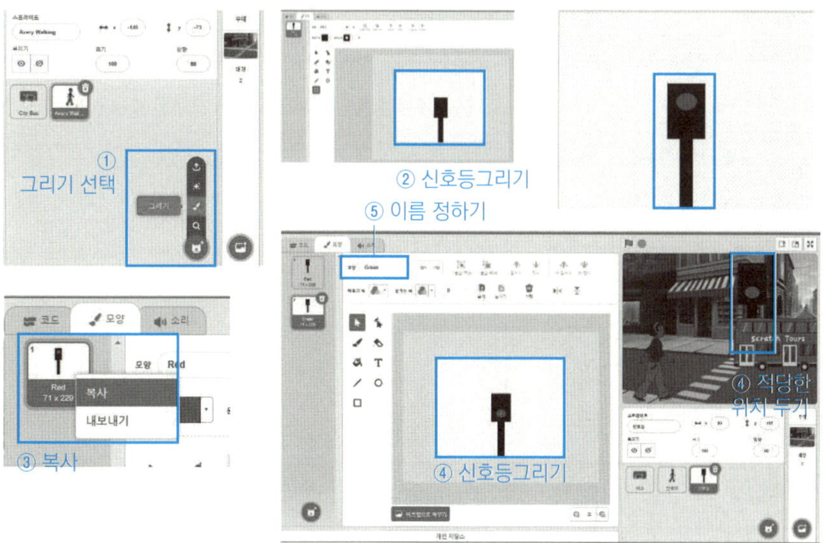

〈그림 10-4〉 신호등 스프라이트 추가

(2) 스크래치 코딩을 위한 반복 제어

스프라이트에 동작을 구현하기 위한 스크립트를 작성하자. 그리고 스프라이트가 어떤 동작을 할 수 있는지 생각해 보자. 단국이 스토리를 구현하기 위한 스트립트를 작성해 보자. 앞장에서 설명한 기본적인 스크립트 작성에 대한 생략하고 새로운 블록에 대해서 설명한다. [제어] 블록은 반복과 선택, 멈추기, 복제에 대한 제어 기능을 구현할 수 있다. 주목할 것은 '반복'과 '선택'이다. 반복과 선택을 이용하면 스프라이트가 기본 블록만 사용할 때보다 더 똑똑하게 동작할 수 있다. 다소 복잡하게 느껴질 수 있으나 프로그래밍에서 아주 중요한 역할을 하므로 주의 깊게 살펴보도록 한다.

〈표 10-1〉 [제어] 블록

블 록	설 명
1 초 기다리기	설정한 시간 동안 기다림
10 번 반복하기 ① N번 반복하기	(반복1) 내부에 설정한 블록을 10번 반복
무한 반복하기 ② 무한 반복하기	(반복2) 내부에 설정한 블록을 무한 반복
만약 (이)라면	(조건1) 조건이 참인 경우에 내부에 포함된 블록을 실행
만약 (이)라면 아니면	(조건2) 조건이 참인 경우에 위쪽 내부에 포함된 블록을 실행 조건이 거짓인 경우에 아래쪽 내부에 포함된 블록을 실행
까지 기다리기 ③ ~까지 기다리기	(반복3) 조건이 참이 될 때까지 기다리기
까지 반복하기 ④ ~까지 반복하기	(반복4) 조건이 참이 될 때까지 반복하기
멈추기 모두 ▾	설정한 내용의 실행을 중지
복제되었을 때	스프라이트가 복제되면 아래에 연결된 블록을 실행
나 자신 ▾ 복제하기	설정한 스프라이트를 복제
이 복제본 삭제하기	복제한 스프라이트를 삭제

스크래치에는 4가지 유형의 반복 제어가 있다. 첫째, [N번 반복하기] 내부에 설정한 블록을 N번 반복할 수 있다. 반복의 횟수가 숫자에 의해서 정해진다. 둘째, [무한 반복하기]는 내부에 설정한 블록을 무한하게 반복할 수 있다. 셋째, [~까지 기다리기]는 조건이 참이 될 때까지 계속해서 대기하는 반복이다. 반복을 수행하다가 멈춰야 하는 경우가 발생한다면 [멈추기] 블록을 사용해서 동작을 멈출 수 있다. 멈추기 블록에서 '모두 멈추기'는 실행 중인 스크립트나 프로젝트 전체를 멈추게 할 수 있다. '이 스크립트 멈추기'는 연결된 블록 명령만 멈추고, '스프라이트에 있는 다른 스크립트 멈추기'는 현재 스크립트에 연결된 블록이 아닌 같은 공간의 다른 스크립트 명령이 멈추게 된다. 마지막으로 [~까지 반복하기] 조건이 참이 될 때가 반복한다. 반복의 횟수가 조건에 의해서 정해진다.

[반복] 블록의 다양한 예를 살펴보도록 하자. 첫째, [N번 반복하기]의 경우 스프라이트가 10번 10만큼 움직인다. 둘째, [무한 반복하기]의 경우 스프라이트가 무한하게 10만큼 움직인다. 셋째, [~까지 기다리기]의 경우 키보드의 오른쪽 화살표 키를 누르게 되면 스프라이트가 10만큼 무한하게 움직인다. 마지막으로 [~까지 반복하기]의 경우 '벽에 닿을 때까지' 스프라이트가 10만큼 움직인다.

[N번 반복하기]	[무한 반복하기]

[~까지 기다리기]	[~까지 반복하기]
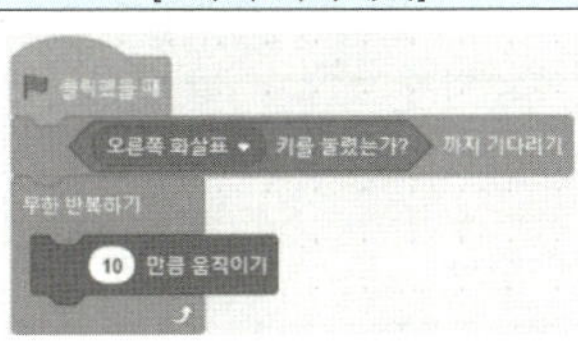	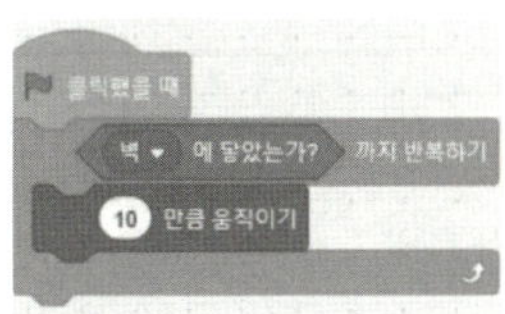

〈그림 10-5〉 반복 제어블록의 다양한 예

(3) 스크래치 코딩을 위한 선택 제어

스크래치에는 2가지 유형의 선택 제어가 있다. 첫째, [선택적 실행] 선택 제어의 조건이 참일 경우 블록 안의 문장을 실행한다. 둘째, [만약-아니면 선택적 실행] 조건이 참인 경우에는 위쪽 내부에 포함된 블록을 실행하고, 조건이 거짓인 경우 아래쪽 내부에 포함된 블록을 실행한다.

우리는 일상생활에서 "길을 건널 것인가?", "우산을 가지고 갈 것인가?", "겉옷을 입을 것인가?" 등과 같은 문제를 경험하게 된다. 이러한 문제가 발생했을 때, (파란불이 켜지면) 건너가고, (빨간불이 켜지면) 멈춘다와 같이, 모든 선택은 조건에 의해서 행동이 결정된다. 이때, 문제를 해결하기 위해서는 주어진 문제로부터 명확하게 조건을 정의하는 것이 매우 중요하다. 조건을 정의하기 위해서 [감지] 블록과 [연산] 블록이 유용하게 사용된다.

감지란 무언가를 느끼거나, 알아채는 것을 말한다. 스크래치는 다양한 [감지] 블록을 통해서 선택한 스프라이트가 다른 스프라이트 또는 색상에 닿았는지와 거리를 확인할 수 있을 뿐만 아니라 다양한 데이터 값을 활용할 수 있다.

〈표 10-2〉 [감지] 블록

블록	설명
마우스 포인터 ▾ 에 닿았는가?	스프라이트가 〈마우스 포인터〉 등에 닿았는지를 확인
색에 닿았는가?	스프라이트가 설정한 색에 닿았는지를 확인
색이 색에 닿았는가?	스프라이트 왼쪽에 설정한 색이 오른쪽에 설정한 색에 닿았는지를 확인
마우스 포인터 ▾ 까지의 거리	마우스 포인터까지의 거리를 확인
너 이름이 뭐니? 라고 묻고 기다리기	"너 이름이 뭐니"라고 묻고 사용자의 답변을 기다림
대답	사용자가 입력한 답변을 저장
스페이스 ▾ 키를 눌렀는가?	사용자가 "스페이스" 키를 눌렀는지 확인
마우스를 클릭했는가?	마우스를 클릭했는지 확인
마우스의 x좌표	마우스의 X좌표를 확인

블록	설명
마우스의 y좌표	마우스의 Y좌표를 확인
드래그 모드를 드래그 할 수 있는 ▾ 상태로 정하기	전체 화면을 실행할 때, 드래그 모드를 드래그 할 수 있는 상태로 정하기
음량	마이크로 전달되는 음량을 확인
타이머	타이머를 1/1,000초 단위로 확인
타이머 초기화	타이머 값을 초기화
무대 ▾ 의 배경 번호 ▾	무대의 번호를 설정
현재 년 ▾	현재 년, 월, 일, 요일, 시, 분 초를 확인
2000년 이후 현재까지 날짜 수	2000년 1월 1일 이후부터 현재까지의 날짜 수를 구함
사용자 이름	로그인한 사용자 이름을 확인

색상을 감지하기 위해서 설정을 원하는 색을 선택해야 한다. [감지] 블록에서 "색에 닿았는가?"를 선택한 뒤, 원하는 색을 선택한다. 아래 스포이드 모양의 아이콘을 클릭하면 무대와 스프라이트에 있는 임의의 색상을 추출할 수 있다.

색상 감지하기

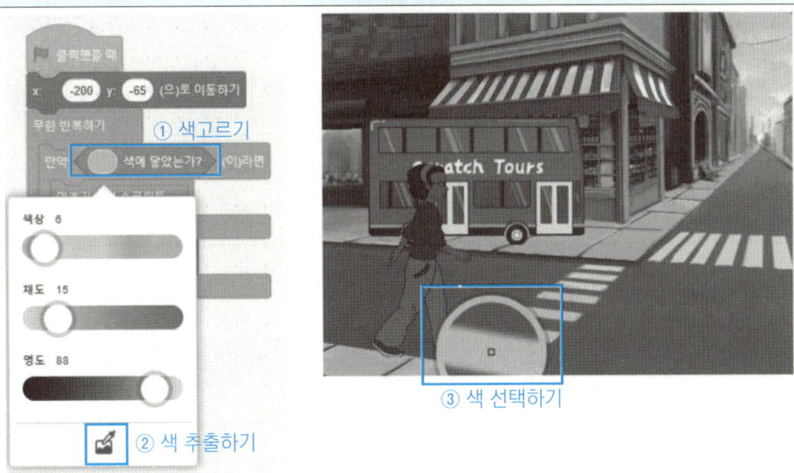

〈그림 10-6〉 색상 감지하기 예시

추출한 색을 감지하는 블록이 완성되면, [반복]과 [선택] 블록을 함께 사용한다. 선택한 색에 닿았을 때, 스프라이트가 멈추는 동작을 다양한 방법으로 완성할 수 있다. 왼쪽은 [~까지 반복하기] 블록은 사용한 것이고, [만약~아니면 선택적 실행] 블록을 선택한 예이이다. 어떤 것을 선택하든지 상관없다. 스크래치는 정답이 하나가 아니기 때문에 다양한 방법으로 코딩할 수 있다.

[~까지 반복하기]	[만약-아니면 선택적 실행]
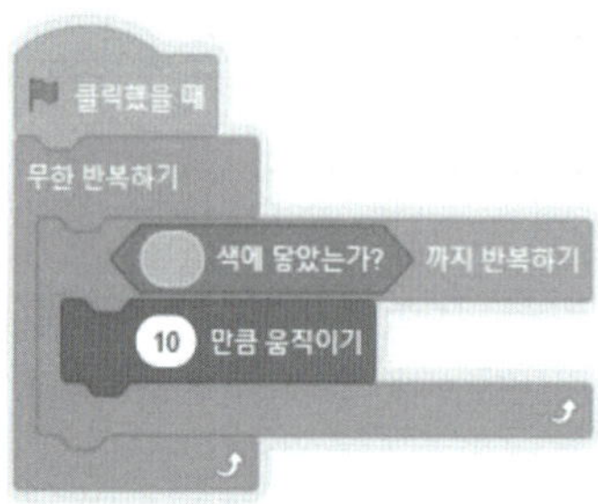	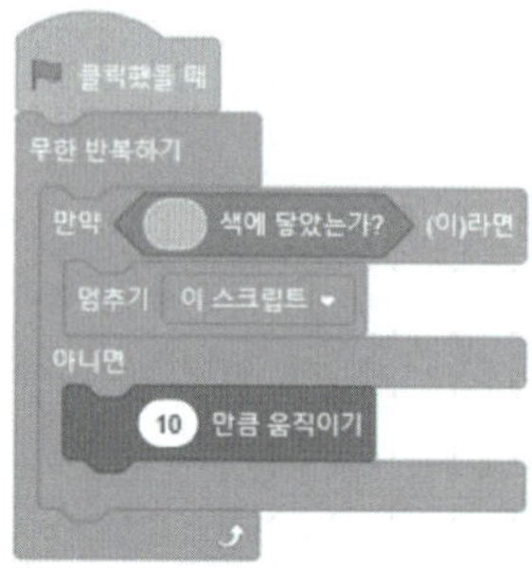

〈그림 10-7〉 색상 감지를 사용한 실행(두 개의 코드는 같은 동작)

⑷ 스크래치 코딩을 위한 연산

[연산] 블록은 사칙연산을 비롯해 다양한 계산을 수행하거나 조건을 정의할 때 사용한다. 입력한 범위의 숫자를 임의로 추출하는 난수를 추출하는 블록도 유용하게 사용할 수 있다.

〈표 10-3〉 [연산] 블록

블 록	설 명
	왼쪽의 값과 오른쪽의 값을 덧셈
	왼쪽의 값과 오른쪽의 값을 뺄셈
	왼쪽의 값과 오른쪽의 값을 곱하기
	왼쪽의 값과 오른쪽의 값을 나누기

블록	설명
(1) 부터 (10) 사이의 난수	설정한 범위 안에 임의의 수(=난수)를 생성
( ) > (50)	왼쪽값과 오른쪽값을 비교 (왼쪽값이 크다)
( ) < (50)	왼쪽값과 오른쪽값을 비교 (왼쪽값이 작다)
( ) = (50)	왼쪽값과 오른쪽값을 비교 (두 값이 같다)
◇ 그리고 ◇	두 조건이 모두 참인 경우 결과가 참
◇ 또는 ◇	두 조건 중 하나라도 참인 경우 결과가 참
◇ 이(가) 아니다	조건이 참이면 결과는 거짓, 조건이 거짓이면 결과는 참
(가위) 와(과) (나무) 결합하기	입력한 두 문자열을 결합
(가위) 의 (1) 번째 글자	입력한 문자열에 지정한 위치의 문자를 확인
(가위) 의 길이	입력한 문자열의 길이를 확인
(가위) 이(가) (가) 을(를) 포함하는가?	입력한 문자열 안에 지정한 문자가 포함되었는지를 확인
( ) 나누기 ( ) 의 나머지	왼쪽 값을 오른쪽값으로 나눈 나머지를 구함
( ) 의 반올림	입력한 값을 반올림
절댓값 ▾ (( ))	입력한 수에 대해서 선택한 연산을 수행

다음은 [연산] 블록 사용의 예이다. [또는] 블록은 양쪽 두 조건 중 하나라도 참인 경우 결과가 참인 조건을 나타내는 블록이다. [연산] 블록을 이용하여 다양한 조건을 만들 수 있다. [~부터~사이의 난수] 블록은 입력한 범위에서 임의의 숫자를 표시할 수 있다. 불규칙적인 움직임을 나타낼 때 사용한다. 아래는 [연산] 블록 사용하기의 예이다. 깃발을 클릭하였을 때, 사용자가 선택한 곳으로 스프라이트가 이동한다. 그리고 스프라이트는 무한 반복한다. 만약에 선택한 색상에 닿거나 버스에 닿으면 스프라이트는 움직임을 멈춘다. 아니면 1부터 10 사이의 임의의 숫자만큼 움직인다.

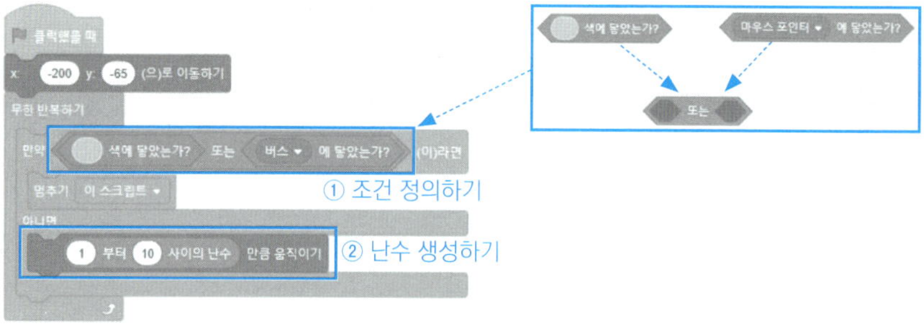

〈그림 10-8〉 [연산] 블록 사용하기 예

[변수] 블록은 프로젝트에서 필요한 데이터를 직접 입력하기도 하고, 프로젝트 내에 데이터를 변경하면서 실행하기도 한다. 프로젝트에서 데이터를 사용하기 위해서 데이터를 임시로 저장하기 위해서 변수를 사용한다. 즉, 변수(variable)는 값을 임시로 담는 그릇이라고 생각하면 된다. 변수는 사용자가 임의로 생성할 수 있다.

〈표 10-4〉 [변수] 블록

블 록	설 명
변수 만들기	새로운 변수를 만듦
my variable	변수의 값을 확인
my variable ▾ 을(를) 0 로 정하기	변수의 값을 입력한 값으로 설정
my variable ▾ 을(를) 1 만큼 바꾸기	변수의 값을 입력한 값만큼 변경
my variable ▾ 변수 보이기	변수가 무대에 보이기
my variable ▾ 변수 숨기기	변수가 무대에 숨기기
리스트 만들기	리스트 만들기
블록 만들기	블록 만들기

변수 만들기를 선택하면 새로운 변수의 이름을 지정할 수 있다. 변수를 생성하고, 다음 〈그림 10-9〉와 같이 변수에 값을 설정할 수 있다. 신호등 상태를 저장하는 변수를 만들고, 신호등의 상태를 '빨간불'과 '파란불'로 정한다.

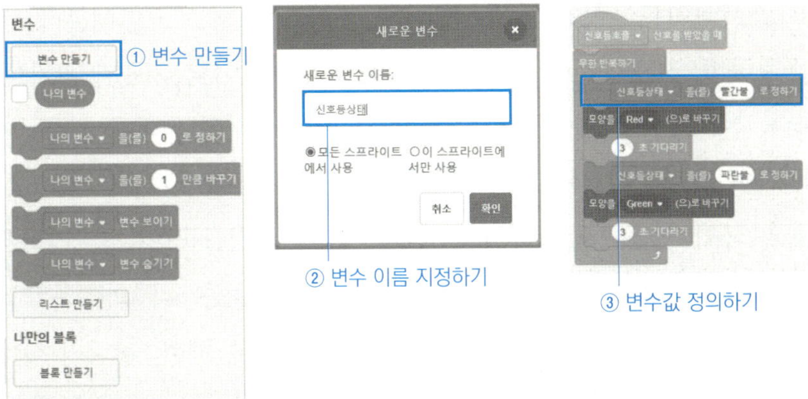

〈그림 10-9〉 신호등의 상태값 정의하기

2) 프로그램 단계별로 코드 작성하기

단국이가 안전하게 길을 건널 수 있도록 어떤 조건이 있는지 생각해 본다. 단국이가 길을 건너는 상황을 가정해 보자. 다음은 안전하게 길 건너기를 위한 조건이다.

■ '안전하게 길 건너기'를 위한 조건

조건	1. 버스는 오른쪽에서 왼쪽으로 이동한다. 2. 단국이는 아래쪽에서 신호등이 있는 방향으로 이동한다. 3. 신호등 상태가 "파란불" 이면, 단국이는 움직인다. 4. 건너기 전과 후에 따라 상태를 표시한다. 5. 신호등 상태가 "파란불" 이고 "건너기 전" 인 상태에서 버스가 단국이에 닿으면, 버스를 멈추도록 한다.

(1) 스크래치 코딩을 위한 스토리 구현하기

단국이가 길을 건너는 상황에서 스프라이트들이 취해야 할 행동은 무엇이 있을지 생각해보자. 각 스프라이트에 필요한 행동들은 다음과 같다.

이때, 스프라이트들이 언제 움직일 것인지에 대해서도 고민해본다. 깃발을 클릭하면, 프로그램이 시작한다. [버스] 스프라이트는 초기 위치로 이동한다. 신호등이 "파란불"이고 단국이가 건너기 "전" 상태에서 단국이를 닿게 되면 스프라이트를 잠시 멈추도록 한다. 신호등 상태가 "빨간불"이거나, 단국이에 닿지 않았다면 -3 만큼 움직인다. [단국이] 스프라이트는 초기 위치를 정하고 건너기 "전" 상태로 정한다. 신호등이 "파란불"일 때, 단국이는 아래쪽에서 신호등 방향으로 이동하도록 하며, 건너기 상태를 "후"로 변경한다. 신호등이 "빨간불"일 때는 단국이가 건너기 "후"와 같다면 스크립트를 멈추도록 하며, 그렇지 않다면 "빨간불이니 기다리자"를 1초 동안 말하도록 한다. [신호등] 스프라이트는 클릭했을 때 실행되며, "빨간불"과 "파란불"을 무한 반복하도록 한다. 우선 신호등 상태를 "빨간불"로 정하며, 모양을 "Red"로 바꾸고 2초 기다리도록 한다. 이후, "파란불" 신호를 보내며, 신호등상태를 "파란색"으로 정한다. 모양은 "Green"으로 바꾸며, 3초 기다리도록 한다. '신호등 상태' 변수은 무대의 왼쪽 위에서 확인할 수 있으며, 단국이의 '건너기 상태'도 "전"과 "후"의 값으로 확인할 수 있다.

〈표 10-5〉 안전하게 길 건너기 행동

버스	단국이	신호등
① x:300, y:-90으로 이동하기 ② 신호등상태="파란불" 그리고 건너기= "전" 상태에서 버스가 단국이에 닿았는가? ③ 닿았다면, 3초 기다림 ④ 닿지 않았다면, -3만큼 이동	① 클릭했을 때 스프라이트를 맨 앞으로 순서 바꾸기 ② x:-116, y:-130로 이동하기 ③ 건너기를 "전" 상태로 정하기 ④ "파란불" 신호를 받았을 때 2초 동안 x:75. y:15로 이동하고 건너기 "후" 상태로 정하기 ⑤ "빨간불"신호를 받았을 때건너기 "후 " 상태면 스크립트를 멈춘다. ⑥ 아니면 "빨간불이니 기다리자 " 를 1초 동안 말함	① 클릭했을 때 빨간불과 파란불의 신호를 무한반복하도록 함 ② "빨간불" 신호 보내기 ③ 신호등상태를 "빨간불 " 로 정하기 ④ 모양은 "Red"로 바꿈 ⑤ 2초 기다리기 ⑥ "파란불" 신호 보내기 ⑦ 신호등 상태를 "파란불"로 정하기 ⑧ 모양 "Green"으로 바꿈 ⑨ 3초 기다리기

버스	단국이	신호등
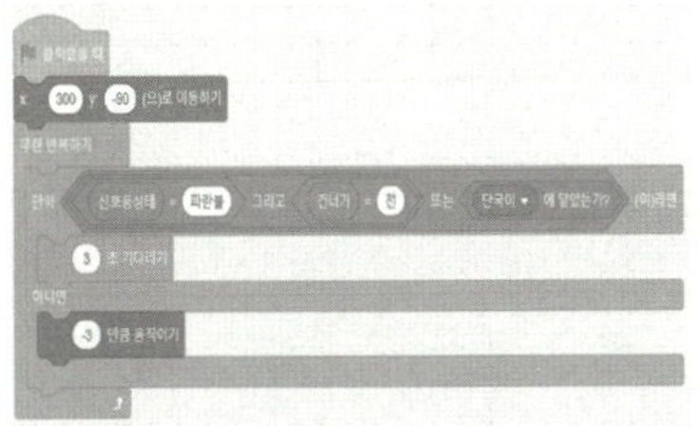	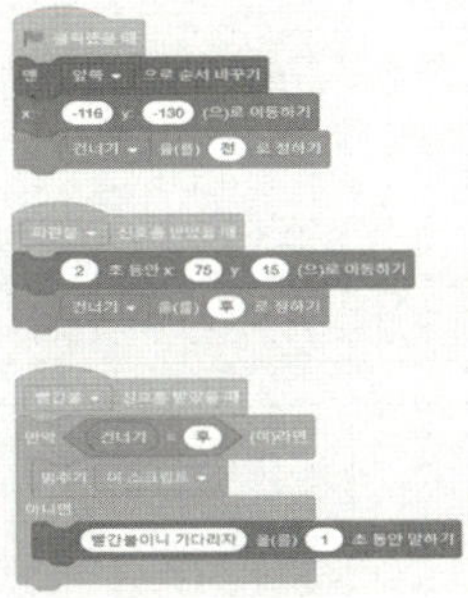	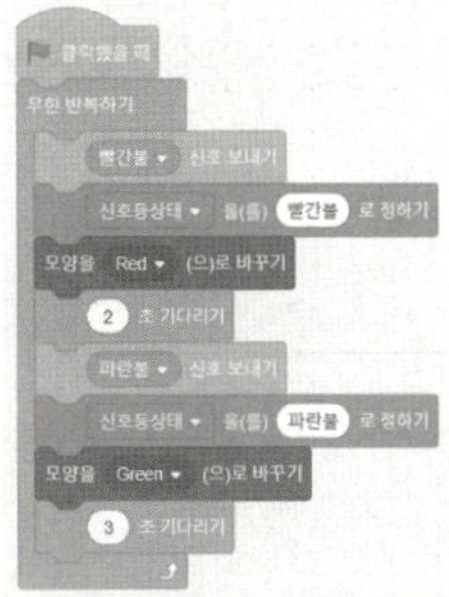

〈그림 10-10〉 안전하게 길 건너기 프로그램의 스크립트

⑵ 프로그램 실행 및 완성된 코드 공유하기

직접 만든 프로젝트를 공유하거나 다른 사람들이 만든 프로젝트를 연결해 보자.

공유상태 만들기	URL 복사하기
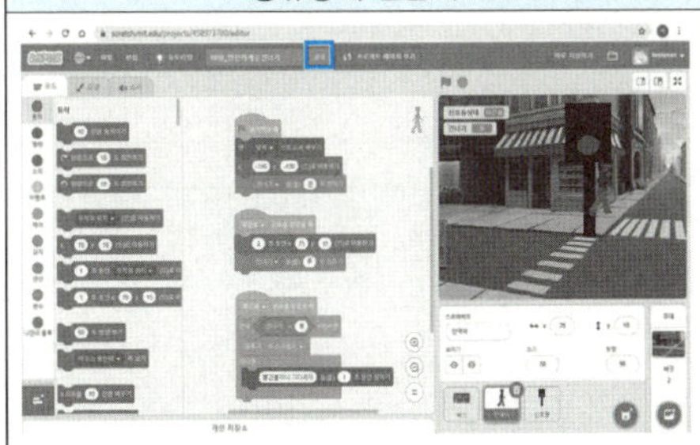	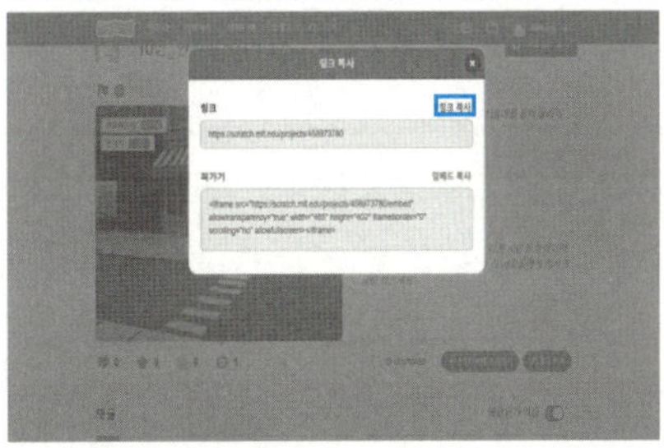

〈그림 10-11〉 완성된 코드 공유하기

활동 10-1

학과		학번		이름	

'횡단보도에서 발생하는 위험'을 주제로 발생할 수 있는 상황을 고려하고, 그에 대한 프로그램을 작성하시오.(예 : 갑자기 오토바이가 나타난다. 아이가 갑자기 뛰어온다)

① 스크래치 코딩을 위한 배경, 스프라이트 선택

② 스크래치 코딩을 위한 대화와 행동

③ 스크래치 코딩을 위한 대화 진행 구현하기

④ 프로그램 실행과 저장 및 공유

활동 10-2

학과		학번		이름	

일상생활에서 디자인씽킹을 적용한 문제 해결안으로 스크래치를 구현할 장면의 일부를 작성하시오.

① 스크래치 코딩을 위한 배경, 스프라이트 선택   ② 스크래치 코딩을 위한 대화와 행동   ③ 스크래치 코딩을 위한 대화 진행 구현하기   ④ 프로그램 실행과 저장 및 공유

수업 자료 및 참고 문헌

픽사베이 : https://pixabay.com/ko/

고광일, 『컴퓨팅 사고력을 키우는 블록 코딩 스크래치 3.0』, 한빛아카데미, 2019.

제 11 장

일상생활과 디자인씽킹 코딩

일상생활에서 디자인씽킹을 적용한 문제 해결안으로 어플리케이션을 개발할 때 필요한 코딩을 학습한다. 해결 영역에 해당하는 구현 단계로 앞에서 설명했던 블록들을 활용하여 스크래치로 코딩을 확장하고 수정하는 방법을 학습한다. 이는 팀이나 개인이 선정한 주제에 맞는 어플리케이션으로 개발하기 위한 필수적인 학습 내용이다. 코드 수정 혹은 확장을 위해 학습자들은 블록 코드를 읽고 효율적으로 구현할 수 있는 개념을 학습한다.

학습 목표

- 일상생활에 필요한 어플리케이션을 개발하기 위한 코딩의 기능이 무엇인지 설명할 수 있다.
- 문제 해결을 위해 필요한 블록을 사용하여 스크래치로 구현할 수 있다.

1. 일상생활과 디자인씽킹 코딩 사례

최근 들어 우리 일상에 인공지능 활용이 많아졌다. 인공지능이란 컴퓨터가 인간의 지능적인 행동을 모방할 수 있도록 하는 것을 말한다. 바둑을 두는 알파고, 퀴즈를 푸는 왓슨은 게임에서 이기는 법을 더 빠르고 정확하게 찾아낸다. 인공지능은 미리 만들어서 놓은 명령만을 수행하는 것이 아니라 많은 데이터가 누적이 되면서 더 발전한다. 우리가 의식하지 못하고 있지만, 인공지능은 오래전부터 많은 분야에서 사용되었다. 검색과 전자상거래, 개인 맞춤형 광고 등과 같은 서비스는 우리가 온라인 활동을 편안하게 할 수 있도록 도움을 주었다.

인공지능은 사람만인 할 수 있다고 믿었던 예술 분야에도 활용된다. 인공지능 로봇은 비틀즈풍의 노래 〈Daddy's car〉을 작곡했고, 로봇 연주가 테오는 작곡가 143명의 800여 곡 이상을 완벽하게 연주한다. 구글의 딥드림(Deep dream)이 만들어낸 미술품은 9만 7,000달러에 팔리기도 하였다. 인공지능은 오래전부터 우리에게 편의를 제공해왔고, 최근 산업의 각 분야에서 많은 역할을 하고 있다. 그러나 인공지능이 미치는 우리 삶과 사회에 대한 영향력에 비해 인공지능이 무엇인지에 대해 대답할 수 있는 사람은 별로 없다. 각자의 전공 안에서 인공지능이 어떻게 활용되는지 고민해 보자. 이번 장에서는 자동연주로봇과 그림판을 직접 구현해 본다. 어떤 기능을 가지고 만드는 것이 좋을지 생각해 보자.

1) 자동연주로봇 프로그래밍

음악을 자동으로 연주하는 "자동연주로봇"을 구현하는 프로젝트를 만들어 보자. 이를 위해서는 다음과 같은 조건이 필요하다.

■ 자동연주로봇 구현을 위한 조건

1. 깃발을 누르면 화면에 피아노 건반이 나타난다. (초기의 위치와 모양을 지정한다)
2. 해당 건반(하얀 건반)을 추가한다. 악기를 피아노로 정하고, 해당음을 0.25박자로 연주한다. 모양을 바꾸고, 0.1초 기다린 후에, 다시 모양을 바꾼다.
3. 해당 건반(검정 건반)을 추가한다. 검정 건반은 맨 앞쪽에 위치하도록 순서를 바꾼다. 악기를 피아노로 정하고, 해당음을 0.25박자로 연주한다. 모양을 바꾸고, 0.1초 기다린 후에, 다시 모양을 바꾼다.
4. 깃발을 누르면 강아지가 나타난다. 강아지의 위치를 지정하고, "자동 연주를 시작합니다"를 말하고, "연주 시작-나비야" 신호를 보낸다.
5. 신호를 받으면 "나비야" 노래가 연주된다.

자동연주로봇을 프로그래밍하기 위해 필요한 배경 및 스프라이트를 정의하자. 배경은 바탕 없음이고, 스프라이트는 연주자, 피아노 버튼이다. 피아노 버튼은 총 12개를 만들어야 하므로, 1개를 먼저 만들고 복사하여 사용한다. 피아노 버튼에 해당하는 스프라이트는 스크래치에서 제공하고 있는 'button3'을 사용한다. 왼쪽 위에 '모양' 탭을 이용하면 버튼의 모양이 2개가 존재하는 것을 알 수 있다. button3의 모양은 'button3-a'과 'button3-b'이다. 이름을 변경해서 사용해도 되지만, 이번 예제에서는 이름을 변경하지 않고 사용할 예정이다. 건반을 누르면 모양이 바뀌도록 설정하여, 건반을 누르는 효과를 낸다. 이것 역시 필수는 아니다. 하지만 실제로 건반을 누르는 동작을 상상하면서 자동연주로봇이 최대한 자연스럽게 동작할 수 있도록 명령을 작성한다.

■ 필요한 배경 및 스프라이트

배경	바탕 없음
스프라이트	연주자, 피아노 건반

〈그림 11-1〉 자동연주로봇 무대와 스프라이트

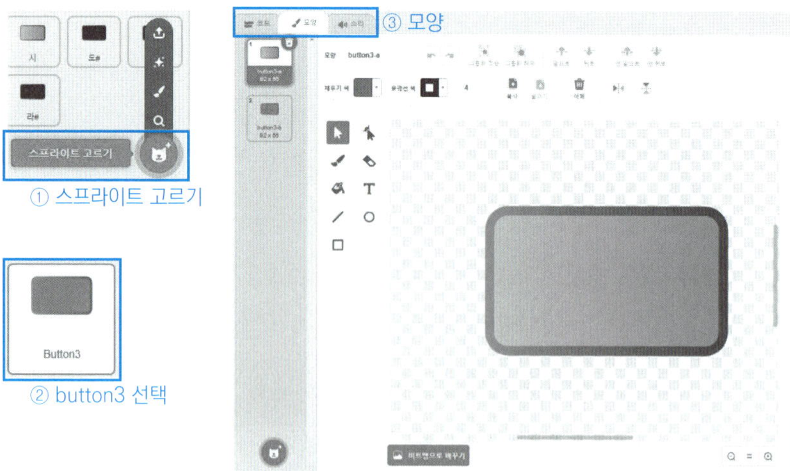

〈그림 11-2〉 피아노 버튼 스프라이트 고르기

자동연주로봇 프로젝트에서는 특별한 움직임 존재하지 않는다. 현실 속 피아노를 스크래치 내의 피아노로 옮길 것이다. 먼저 피아노 건반을 생각해보자. 건반에 해당하는 음을 연주하기 위해 피아노 건반의 모양과 음, 해당하는 번호를 기억한다. 도는 60번, 레는 62번에 해당한다.

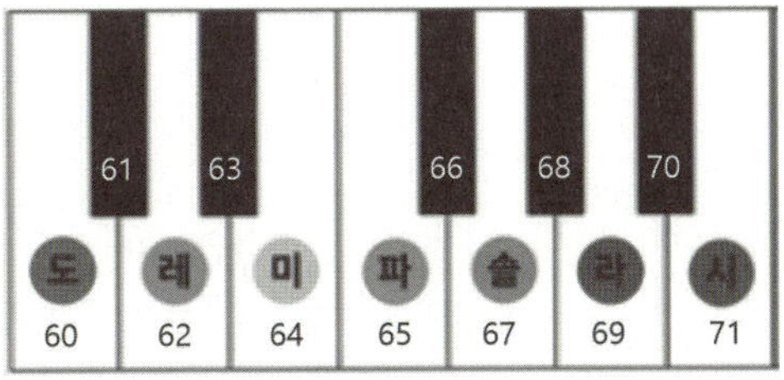

〈그림 11-3〉 피아노 건반

연주가의 행동을 생각해보자. 연주가는 연주의 시작을 알리는 역할을 한다. 연주가가 연주의 시작을 알리고, 신호를 보내면 해당하는 연주를 시작한다. 이 때, 연주는 미리 정의되어 있어야 한다.

〈표 11-1〉 자동연주로봇 코딩을 위한 행동

연주가	
① 깃발을 클릭했을 때, ② X=-184, Y=-105 이동하기 ③ "자동 연주를 시작합니다." 2초 말하기 ④ "무슨 노래 듣고싶니? 라고 묻고 기다리기 ⑤ (대답) 신호 보내기	⑥ (대답) 신호 받았을 때, 연주 시작하기 

〈표 11-2〉 자동연주로봇 코딩을 위한 행동 2

건반(하얀-'도'정의하기)	건반(검정-'도#'정의하기)
① 깃발을 클릭했을 때, ② X=-160, Y=12로 이동하기 ③ 모양 button3-a로 바꾸기	① 깃발을 클릭했을 때, ② 맨 앞쪽으로 순서 바꾸기 ③ 모양 button3-a로 바꾸기 ④ X=-130, Y=35으로 이동하기
① '도' 정의하기 ② 악기를 1. 피아노로 정하기 ③ 60번 음을 0.25박자로 연주하기 ④ 모양 button3-b로 바꾸기 ⑤ 0.1초 기다리기 ⑥ 모양 button3-a로 바꾸기	① '도' 정의하기 ② 악기를 1. 피아노로 정하기 ③ 60번 음을 0.25박자로 연주하기 ④ 모양 button3-b로 바꾸기 ⑤ 0.1초 기다리기 ⑥ 모양 button3-a로 바꾸기
① 이 스프라이트를 클릭했을 때, '도'	① 이 스프라이트를 클릭했을 때, '도#'
① 도 신호를 받았을 때, '도'	① 도 신호를 받았을 때, '도#'

앞에서 언급한 자동연주로봇을 위한 조건과 행동을 생각하면서 명령을 위한 스크립트를 작성하자. 자동연주로봇에서 건반(버튼)은 눌렀을 때 그리고 해당되는 신호를 받았을 때 설정된 악기의 설정된 음을 연주한다. 아래의 그림처럼 같은 코드를 여러번 작성해야 하는데 이와 같은 방법은 좋지 않다. 반복으로 구현하는 내용이 중복으로 작성되고, 그로 인하여 코드가 많아진다. 이 때, '나만의 블록'을 사용하면 쉽게 해결할 수 있다. 반복적으로 사용되는 부분을 찾는다. '나만의 블록'에서 블록을 만든다. 나만의 블록을 정의하고, 정의한 블록을 필요한 위치에 호출하여 사용한다. 이러한 방법으로 스크립트를 작성하면 블록을 간단하게 정리할 수 있어 가독성이 좋다.

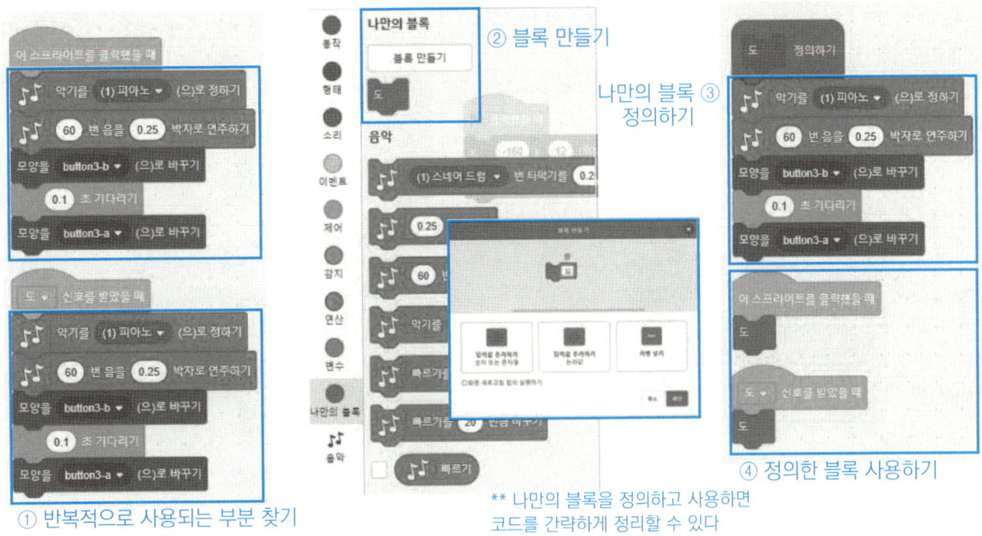

〈그림 11-4〉 나만의 블록 사용하기

사용자가 대답을 입력하면 해당 노래가 자동 연구될 수 있도록 신호를 보내고, 신호를 받게되면 악보에 해당하는 신호 블록이 동작한다. 악보에 해당되는 블록을 미리 작성한다.

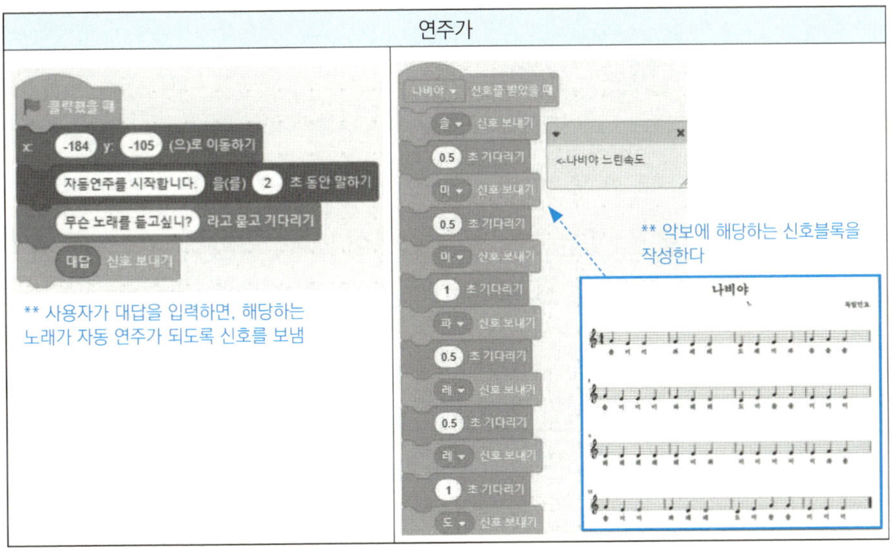

〈그림 11-5〉 자동연주로봇 스크립트-1

건반(하얀-'도')	건반(검정-'도#')
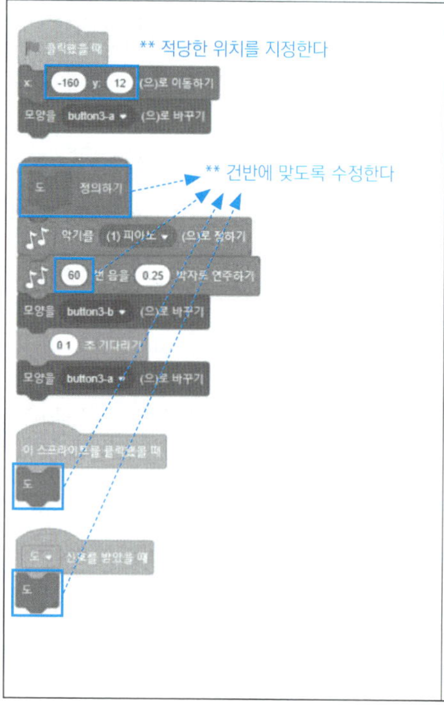	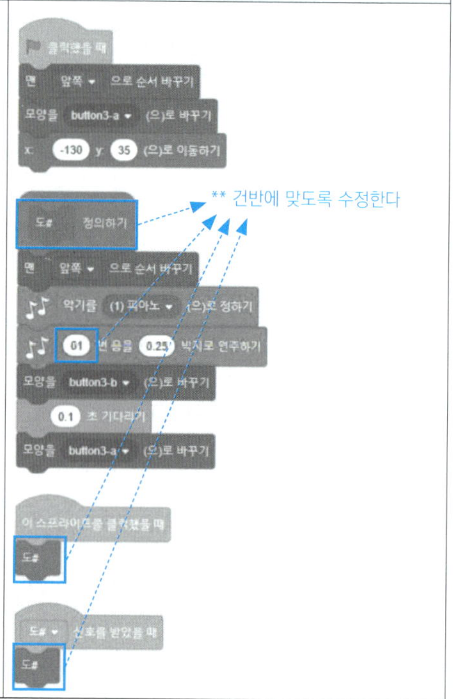

〈그림 11-6〉 자동연주로봇 스크립트-2

2) 색상을 선택하는 그림판

빨강, 오렌지, 노랑, 초록, 파랑, 보라의 6가지 색을 이용하여 그림을 그리거나 그림을 지울 수 있는 그림판을 만들어 보자. 알파벳 D그림을 선택하면 그리기가 선택되고, 알파벳 E그림을 선택하면 지우기가 선택되고, 알파벳 R그림을 선택하면 현재 그림판에 그려진 모든 그림을 지운다. 그리고 색상을 직접 선택해서 선택한 색상을 이용하여 그림을 그릴 수 있다. 이를 위해서는 선택한 생상의 값을 기억하는 변수의 개념이 중요하다.

색상을 선택하는 그림판을 구현하는 프로젝트를 만들어 보자. 이를 위해서는 다음과 같은 조건이 필요하다.

■ 그림판 구현을 위한 조건

1. 깃발을 누르면 화면에 연필이 나타난다. 초기의 위치, 크기(50%), color(black), 펜의 굵기(5)를 설정한다. 그리고 움직임을 확인한다.
2. 나만의 블록을 이용하여 움직이기를 정의한다. 마우스의 좌표가>=50 이상이라면 마우스 포인트가 이동하는 것을 무한하게 반복한다.
3. 펜 색상을 지정한다. color에 해당하는 펜 색상을 정한다.
4. 그리기 신호를 받았을 때, 펜굵기는 5로 정하고, 펜 색상을 지정한다. 마우스가 클릭했을 때 펜을 내리고, 마우스가 클릭되지 않았을 때 펜을 울리는 과정을 무한히 반복한다.
5. 지우기 신호를 받았을 때, 펜 굵기를 10으로 정하기, 펜 색상을 배경색과 같은 색으로 정한다.
6. 색바뀜 신호를 받았을 때, 펜 굵기를 5로 정하고, 펜 색상을 지정한다
7. 색상 스프라이트를 클릭하면, color가 해당하는 색상으로 정하고, 색 바뀜 신호를 보낸다.
8. 그리기 스프라이트를 클릭하면, 그리기 신호를 보낸다.
9. 지우기 스프라이트를 클릭하면, 지우기 신호를 보낸다.
10. 리셋 스프라이트를 클릭하면, 리셋 신호를 보낸다.

필요한 배경 및 스프라이트를 정의하자. 배경은 바탕 없음이고, 연필, 색상 표시, 그리기 버튼, 지우기 버튼 리셋 버튼이다.

■ 필요한 배경 및 스프라이트

배경	바탕 없음
스프라이트	연필, 색상 표시(6색), 그리기 버튼, 지우기 버튼, 리셋 버튼

색상 표시는 사용자가 총 6개 색상을 선택할 수 있도록, 6개의 스프라이트를 만든다. 예제에서는 빨간, 주황, 노랑, 초록, 파랑, 보라 색상을 선택하였다. 스프라이트 그리기에서 채우기색을 선택한 후, 원을 그린다. 색상을 선택할 때에 스포이드를 이용하면 원하는 색을 추출할 수 있고, 색상/채도/명도를 선택하여 다양한 색을 만들 수 있다. 그리기, 지우기, 리셋을 하기 위한 버튼 3개를 만든다. 스크래치에서 제공하는 스프라이트를 사용하였다.

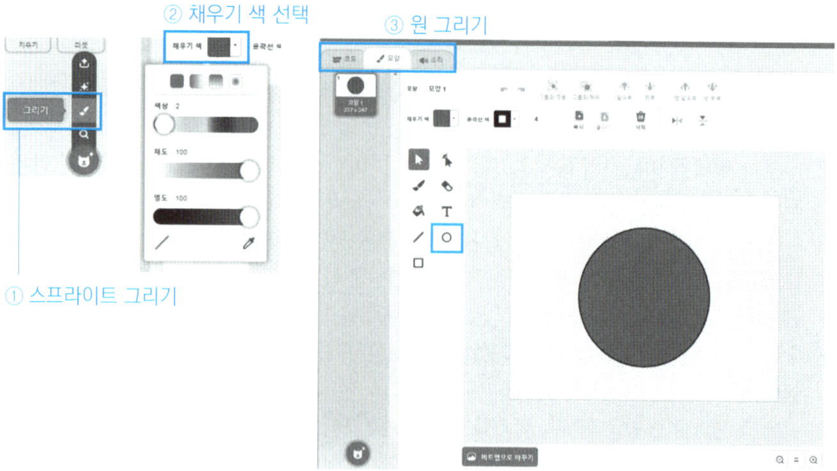

〈그림 11-7〉 색상 버튼 그리기

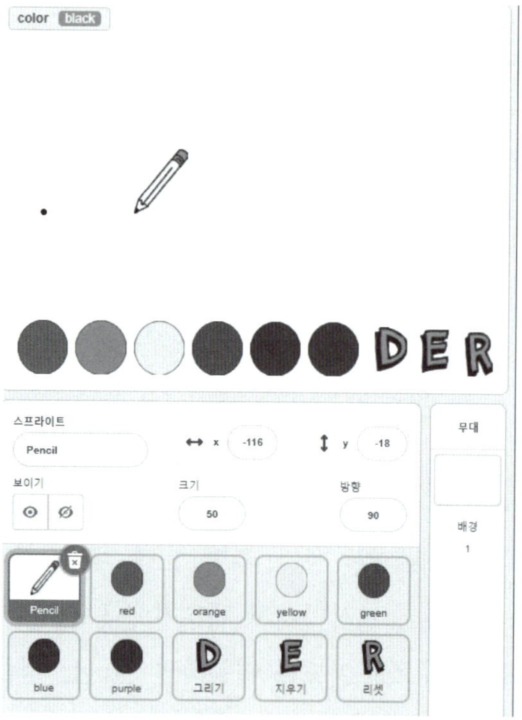

〈그림 11-8〉 그림판의 무대와 스프라이트

그림판의 행동을 생각해 보자. 연필은 맨앞쪽에 위치하면서 움직임을 감지한다. 그리기 버튼으로부터 그리기 신호를 받고, 지우기 버튼으로부터 지우기 신호를 받는다. 실 세계에서 그림을 그리듯 행동을 정의해야한다. 이동하기 위해서는 펜 올린 후 이동해야 하고, 그림을 그리기 위해서는 펜을 내린 후 이동하면 된다. 펜 색상을 정의하여 사용한다. 색상 표시 스프라이트로부터 색바꿈 신호를 받았을 때, 펜 색상이 변경된다. 펜 색상을 정의하는 방법은 다음과 같다. 색상 표시 스프라이트에서 선택한 색상의 값이 변수(color)에 저장되고, 변수의 값에 따라 색상을 정의한다.

〈표 11-3〉 그림판 코딩을 위한 행동 1

색상 표시(6색-red)	그리기 버튼
① 깃발을 클릭했을 때, ② X=-200, Y=-140으로 이동하기	① 깃발을 클릭했을 때, ② X=130, Y=-140으로 이동하기
① 이 스프라이트를 클릭했을 때, ② color=red로 정하기 ③ 색 바뀜 신호 보내기	① 이 스프라이트를 클릭했을 때, ② 그리기 신호 보내기

〈표 11-4〉 그림판 코딩을 위한 행동 2

지우기 버튼	리셋 버튼
① 깃발을 클릭했을 때, ② X=170, Y=-140으로 이동하기	① 깃발을 클릭했을 때, ② X=210, Y=-140으로 이동하기
① 이 스프라이트를 클릭했을 때, ② 지우기 신호 보내기	① 이 스프라이트를 클릭했을 때, ② 모두 지우기

〈표11-5〉 그림판 코딩을 위한 행동 3

연필	

① 깃발을 클릭했을 때,
② 맨 앞쪽으로 순서 바꾸기
③ 크기를 50%로 정하기
④ X=0, Y=0으로 이동하기
⑤ color를 black으로 정의하기
⑥ 펜 굵기를 5로 정의하기
⑦ 움직이기
--- 	
① 움직이기 정의하기
② 무한 반복하기
  ① 만약 마우스의 Y의 좌표>50이라면
  ② 마우스 포인터 이동하기
--- 	
① 그리기 신호를 받았을 때,
② 펜 굵기를 5로 정하기
③ 펜 색상
④ 무한 반복하기
  ① 만약에 마우스를 클릭하면
  ② 펜 내리기
  ③ 아니면 펜 올리기
--- 	
① 지우기 신호를 받았을 때,
  ① 펜 굵기를 10으로 정하기
  ② 펜 색상을 흰색으로 정하기
	① 펜 색상 정의하기
	② 만약 color=black이라면
	  ① 펜 색상을 검정으로 정하기
	③ 만약 color=red이라면
	  ① 펜 색상을 빨강으로 정하기
	④ 만약 color=orange이라면
	  ① 펜 색상을 오렌지으로 정하기
	⑤ 만약 color=yellow이라면
	  ① 펜 색상을 노랑으로 정하기
	⑥ 만약 color=green이라면
	  ① 펜 색상을 초록으로 정하기
	⑦ 만약 color=blue이라면
	  ① 펜 색상을 파랑으로 정하기
	⑧ 만약 color=purple이라면
	  ① 펜 색상을 보라으로 정하기
	--- 	
	① 색 바뀜 신호를 받았을 때,
	  ① 펜 굵기를 5로 정하기
	  ① 펜 색상

앞에서 언급한 그림판 코딩을 위한 조건과 행동을 생각하면서 명령을 위한 스크립트를 작성하자. 펜 색상을 지정하기 위해서 변수를 사용한다. 변수를 사용하면 색상값을 저장하여 사용할 수 있다. 색상 표시 스프라이트를 클릭했을 때, color변수의 값을 변경하고, color변수의 값을 받으면 값에 해당하는 색상로 연필 스프라이트가 바뀌도록 블록을 작성한다.

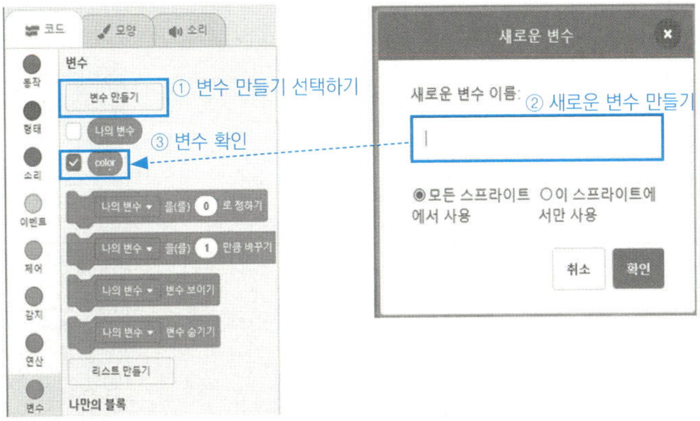

〈그림 11-9〉 변수 정의하기

색상 표시(6색-red)	그리기 버튼
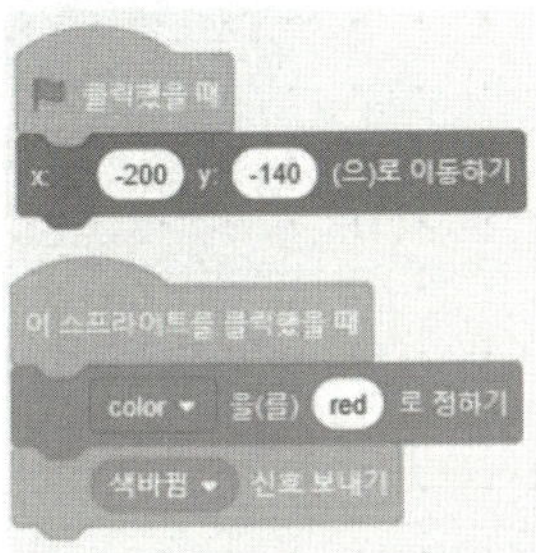	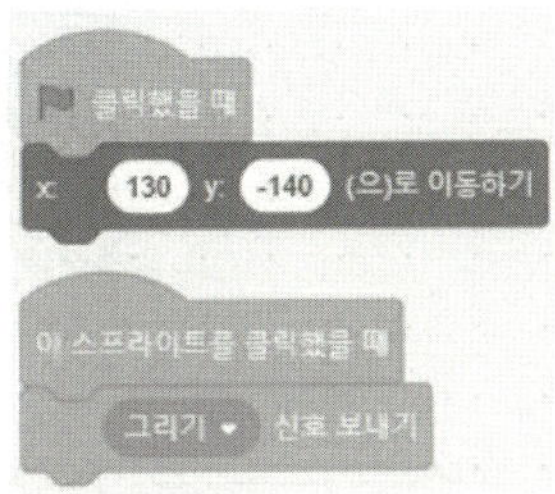

〈그림 11-10〉 그림판 스크립트-1

지우기 버튼	리셋 버튼
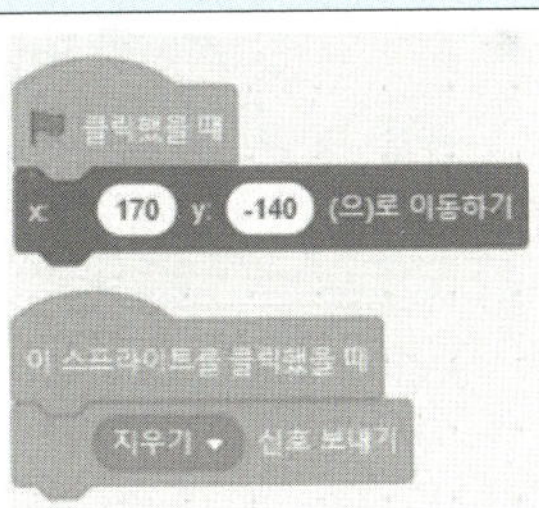	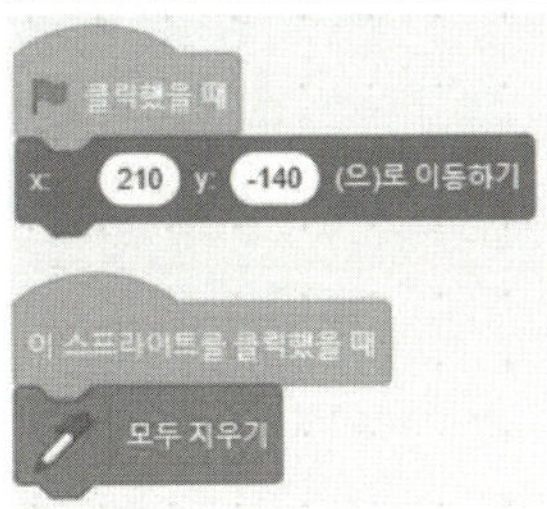

〈그림 11-11〉 그림판 스크립트-2

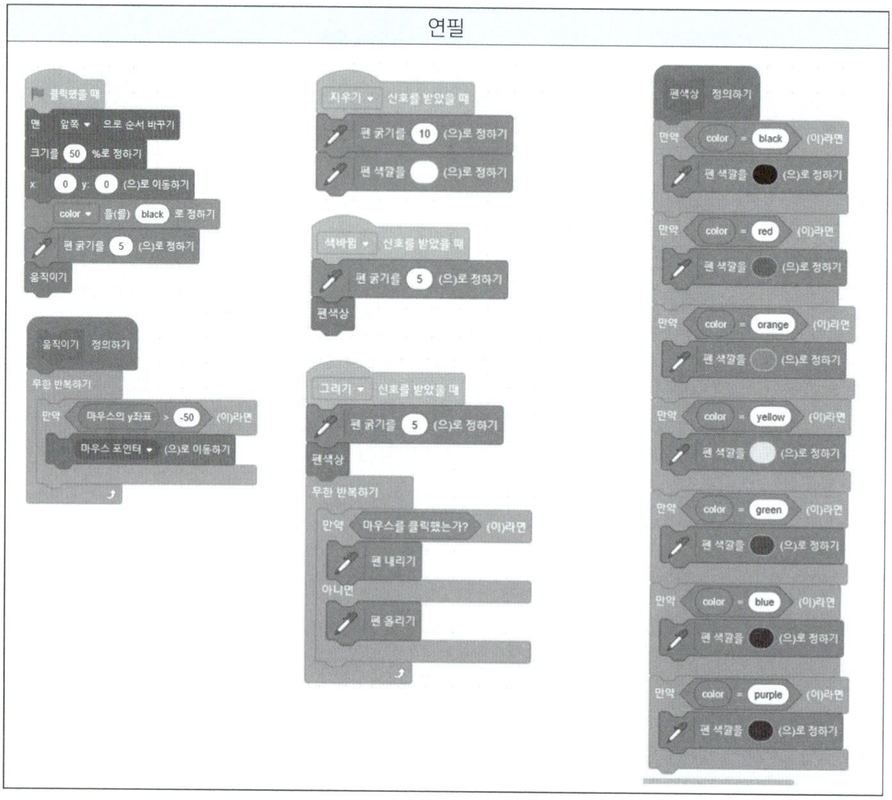

〈그림 11-12〉 그림판 스크립트-3

활동 11-1

학과		학번		이름	

다양한 노래를 연주하는 자동연주로봇을 구현해보자.

〈 조건 〉 2가지 이상의 노래를 연주하는 자동연주로봇을 구현한다.
① 스크래치 코딩을 위한 배경, 스프라이트 선택 ② 스크래치 코딩을 위한 대화와 행동 ③ 스크립트 작성 ④ 완성된 프로젝트 공유

활동 11-2

학과		학번		이름	

다양한 악기를 사용하여 연주하는 자동연주로봇을 구현해보자.

〈 조건 〉 2가지 이상의 악기를 사용하여 연주하는 자동연주로봇을 구현한다.
① 스크래치 코딩을 위한 배경, 스프라이트 선택   ② 스크래치 코딩을 위한 대화와 행동   ③ 스크립트 작성   ④ 완성된 프로젝트 공유

수업 자료 및 참고 문헌

픽사베이 : https://pixabay.com/ko/

소프트웨어중심사회, 2017, SW교육 모듈형 교재, http://software.kr

제12장

아이디어를 코딩으로

사용자 경험 중심의 어플리케이션의 상세 내용에 대한 심화 학습을 한다. 사용자 경험 중심의 어플리케이션 개발 프로세스의 문제 영역에서는 사용자 스토리, 사용자별 특징 정의, 사용자 경험 분석을 하고 해결 영역에서는 모형을 제작한 후 구현하게 된다. 이번 장에서는 문제 영역에서 도출된 아이디어 정보를 기반으로 해결 영역에 해당하는 구현 단계로 스크래치 프로그래밍을 작성하도록 한다. 스크래치 프로그래밍 개념 확장 및 활용 능력을 높이기 위한 설명과 사례들을 학습한다.

학습 목표

- 스크래치로 코딩을 구현할 수 있는 환경을 준비할 수 있다.
- 스크래치를 활용하여 아이디어를 코딩으로 직접 구현하고 결과물을 확인한다.
- 학습자들의 창의적 아이디어를 스크래치로 구현할 수 있다.

1. 생활 속 문제 해결을 위한 코딩 사례

1) 자동 예매 시스템

영화 〈아이언맨〉 시리즈에 등장하는 "자비스"는 자상한 인격을 갖춘 개인 비서로 영화 시리즈 초반부터 토니 스타크의 저택 지하실에서 집사 역할을 하는 인공지능 로봇이다. 이것은 영화 속에서만 가능한 일이 아니다. 애플의 시리(siri)는 아이폰과 아이패드의 운영 체제에 탑재된 음성 인식 인공지능 비서 애플리케이션이다. 사용자는 목소리만으로 시리에서 대화를 나누거나 정보를 요구할 수 있다. 뿐만 아니라 2019년도 구글(Google)은 "듀플렉스 온 더 웹(Duplex on the Web)"이라 기술을 선보였다. 듀플렉스는 실제 사람처럼 자연스럽게 레스토랑을 예약할 수 있으며, 항공권 및 영화를 예약할 수 있는 음성 챗봇(Chatbot)이다. 이처럼 인공지능은 다양한 분야에 접목하여 사용자의 생활과 밀착한 곳곳에서 존재한다.

다음은 콘서트나 뮤지컬 등을 예약하는 예매 자동화 시스템을 위한 조건이다. 이를 참고하여 예매 자동화 프로그램을 작성해 보자.

■ 자동 예매 시스템을 위한 조건

조건	1. 첫 화면에 챗봇이 "예매를 선택하시오"라고 말한다. 2. 콘서트 예매를 선택하면 배경이 "콘서트"로 바뀐다. 3. 뮤지컬 예매를 선택하면 배경이 "뮤지컬"로 바뀐다. 4. 예매를 선택하면, 예매 선택 버튼이 사라지고 종료 버튼과 좌석이 나타난다. 5. 예약 가능한 좌석을 선택하면 "예약하시겠습니까"라고 질문한다. 6. Yes를 대답으로 입력하면 선택된 좌석이 빨간색으로 변경되며, 원하는 만큼 추가 좌석 선택이 가능하다. 7. 좌석 선택을 완료하여 종료 버튼을 누르면 종료 버튼과 좌석이 사라지고, 선택한 좌석에 해당하는 금액을 계산하여 챗봇이 알려준다, (콘서트 장당:100,000원, 뮤지컬 장당:150,000원)

예매 자동화 시스템의 흐름도를 작성할 수 있다. 흐름도(flowchart)에 사용하는 기호는 처리, 흐름선, 조건 판단이며, 처리는 연산을 처리하거나, 데이터 저장과 이동을 표현한다. 흐름선은 절차의 방향을 알려 주며, 조건 판단은 "뮤지컬을 선택했을 때"와 같이 조건을 판단하여 참인 경우와 거짓인 경우로 나누어 문제를 해결할 수 있도록 나타내는 기호이다.

기 호	설 명	명 칭
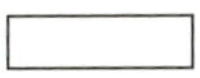	연산 처리, 데이터 저장과 이동	처리
	흐름의 방향	흐름선
	조건 판단	조건 판단

〈그림 12-1〉 흐름도 기호

흐름도는 손으로 그릴 수 있지만 flowgorithm 같은 툴을 이용하면, 아래와 같이 쉽게 작성이 가능하다.

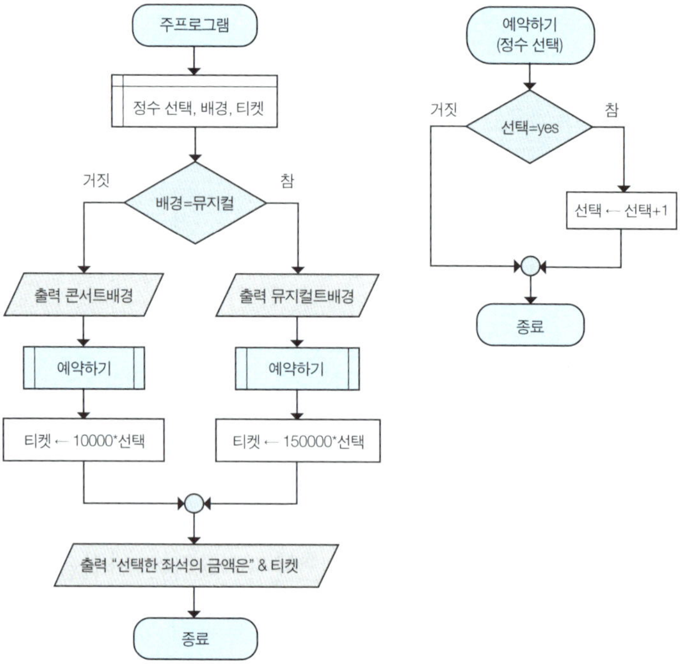

〈그림 12-2〉 자동 예매 시스템 흐름도

자동 예매 시스템을 만들기 위해 필요한 배경 및 스프라이트를 정의하자. 배경은 배경 없음, 콘서트, 뮤지컬이고, 스프라이트는 챗봇, 자리1~8, 콘서트 예매, 뮤지컬 예매 종료버튼이다.

■ 필요한 배경 및 스프라이트

배경	바탕 없음, 콘서트, 뮤지컬
스프라이트	챗봇, 자리1~8, 콘서트 예매, 뮤지컬 예매, 종료

다양한 배경을 전환할 수 있도록, 배경을 고르고, 배경을 추가한다. 배경을 선택한 뒤 이름을 "콘서트", "뮤지컬"로 변경한다.

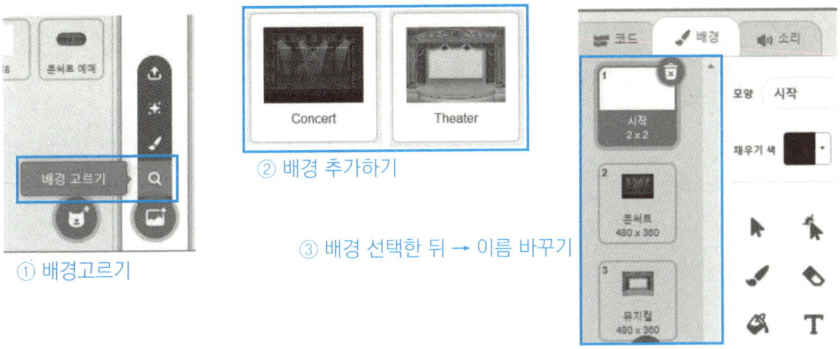

〈그림 12-3〉 배경 선택하기

자리를 표현하기 위해서, 사각형 모양을 그리고, 텍스트로 숫자를 적는다. 예약 가능 상태와 예약 완료 상태를 구분하기 위해서 배경색을 다르게 표시하였다. 총 8개의 자리를 표현할 예정이며, 스크립트까지 완료한 뒤에 복사해서 사용한다.

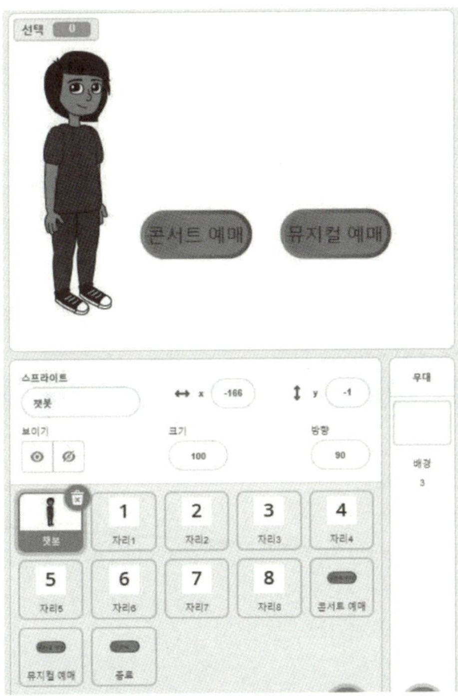

〈그림 12-4〉 자동 예매 시스템 무대와 스프라이트

〈그림 12-5〉 자리 그리기

자동 예매 시스템 구현을 위한 스프라이트를 추가하고, 이제 각 스프라이트에 해당하는 스크립트를 작성하자. 여기에서 챗봇은 사용자로부터 선택을 입력받아 자동으로 예매한다. 챗봇의 행동을 살펴보자. 챗봇은 "예매 종류를 선택하시오"라고 말하고, 자리가 선택되기를 기다린다. 자리와 종료 버튼은 깃발을 클릭했을 때 숨기고, 콘서트 예매 또는 뮤지컬 예매가 선택되었을 때 나타난다. 그리고 자리는 해당하는 스프라이트가 선택되었을 때 "예약하시겠습니까?"라고 묻고 기다린다. 사용자가 'yes'를 입력하면 예약 완료 모양으로 바뀌고 선택은 1만큼 바뀐다. 종료 버튼이 클릭되면, 좌석숨기기 신호를 보낸다. 좌석 숨기기 신호를 받으면, 챗봇은 예매한 공연 금액을 알려준다. 여기서 선택이라는 변수를 사용하여, 좌석이 몇 개 선택되었는가를 표시할 수 있다.

〈표 12-1〉 자동 예매 시스템 코딩을 위한 행동 1

챗 봇	자리(1~8)
① 깃발을 클릭했을 때 ② X:-166, Y:-1 (으)로 이동하기 ③ 배경을 시작으로 바꾸기 ④ 선택=0으로 정하기 ⑤ 배경 번호=2 또는 배경 번호=3까지 반복하기 ① "예매 종류를 선택하시오."를 1초 동안 말하기	① 깃발을 클릭했을 때 ② X=-60, Y=90으로 이동하기 ③ 모양을 예약 가능으로 바꾸기 ④ 숨기기 ① 배경이 뮤지컬 으로 바뀌었을 때 ② 보이기

① 좌석 숨기기 신호를 받았을 때, ② 만약 배경 번호=2이라면 ① "예매하신 콘서트 금액"과 "10000"x선택 결합하기 말하기 ③ 만약 배경 번호=3이라면 ① "예매하신 뮤지컬 금액"과 "15000"x선택 결합하기 말하기	① 배경이 콘서트 으로 바뀌었을 때 ② 보이기
	① 이 스프라이트를 클릭했을 때 ② "예약하시겠습니까?"라고 묻고 기다리기 ③ 만약 대답=yes라면 ① 모양을 예약 완료로 바꾸기 ② 선택=1만큼 바꾸기
	① 좌석 숨기기 신호를 받았을 때 ② 숨기기

〈표 12-2〉 자동 예매 시스템 코딩을 위한 행동 2

콘서트 예매(뮤지컬 예매)	종 료
① 깃발을 클릭했을 때 ② X=-40, Y=-60으로 이동하기 ③ 보이기	① 깃발을 글릭했을 때 ② X=40, Y=-120으로 이동하기
① 이 스프라이트를 클릭했을 때 ② 배경을 콘서트로 바꾸기 ③ 숨기기	① 이 스프라이트를 클릭했을 때 ② 좌석 숨기기 신호 보내기 ③ 숨기기
① 배경이 뮤지컬로 바뀌었을 때 ② 숨기기	① 배경이 콘서트로 바뀌었 때 ② X=29, Y=-87으로 이동하기
	① 배경이 뮤지컬로 바뀌었 때 ② X=29, Y=-87으로 이동하기

챗 봇	자리(1~8)
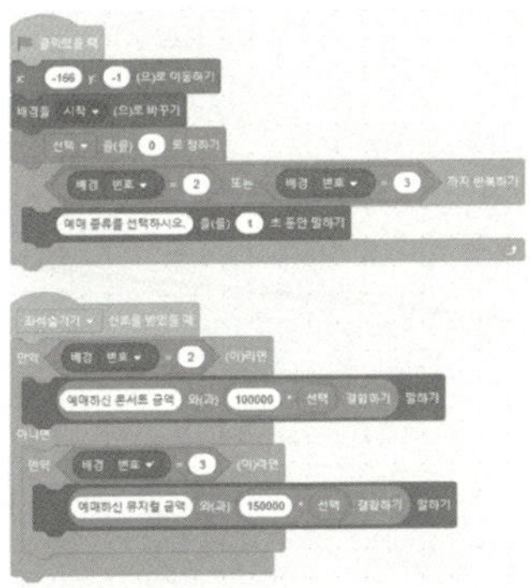	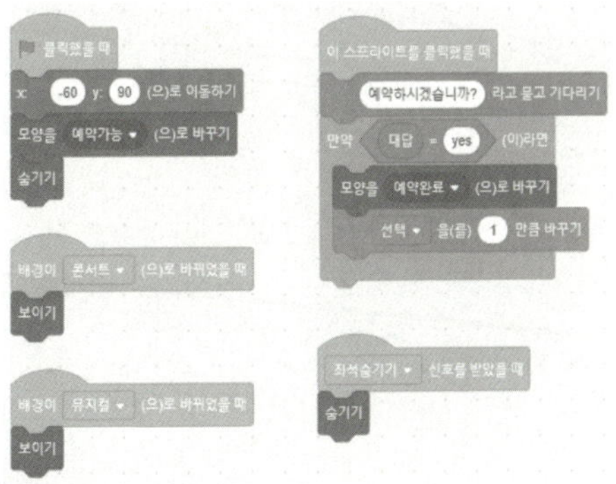

〈그림 12-6〉 자동 예매 시스템 스크립트 1

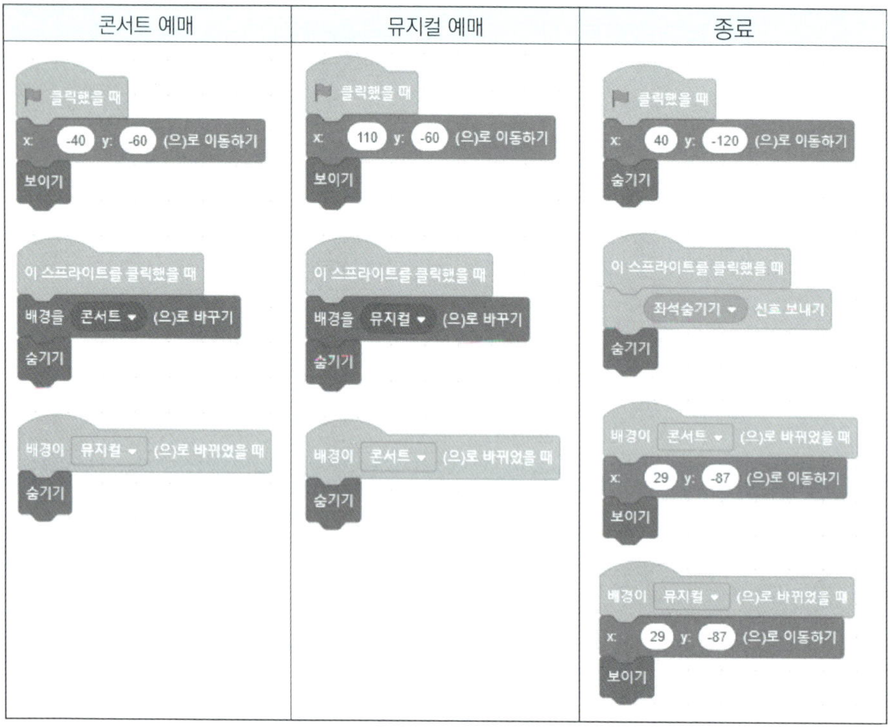

〈그림 12-7〉 자동 예매 시스템 스크립트 2

활동 12-1

학과		학번		이름	

여러분에게 예약 서비스를 만들어 달라는 의뢰가 들어왔다. 예약 서비스에 필요한 다양한 기능을 고민하자. 예약 서비스는 다음과 같은 조건을 만족해야 한다.

〈 조건 〉

1. 다양한 예약 서비스를 생각해보자. (예 : 뮤지컬, 콘서트, 영화, 야구경기) 서비스를 이용하는 입장에서는 가장 편하게 사용할 수 있어야 하고, 서비스를 제공하는 입장에서는 효율적인 관리가 이루어질 수 있도록 해야 한다.
2. 예약을 위한 서비스에서 추가로 필요한 기능에 대해서 생각해 보자.

① 스크래치 코딩을 위한 배경, 스프라이트 선택

② 스크래치 코딩을 위한 대화와 행동

③ 스크립트 작성

④ 완성된 프로젝트 공유

활동 12-2

학과		학번		이름	

앞의 학습을 통해 팀이나 개인이 해결하고자 하는 문제에 대해 새롭게 알게 된 내용이나 더 발전시킨 새로운 아이디어 있다면 스크래치로 추가 구현해 보자.

① 스크래치 코딩을 위한 배경, 스프라이트 선택

② 스크래치 코딩을 위한 대화와 행동

③ 스크립트 작성

④ 완성된 프로젝트 공유

수업 자료 및 참고 문헌

1. 픽사베이 : https://pixabay.com/ko/
2. 화면 구성 : 고광일, 『컴퓨팅 사고력을 키우는 블록 코딩 스크래치 3.0』, 한빛아카데미, 2019.

제 13 장

코딩 완성 및 공유

지금까지 앞에서 학습한 내용과 실제 경험을 바탕으로 문제 해결을 통해 코딩을 완성하고 공유한다. 앞에서 우리는 디자인씽킹 기반의 공감, 정의, 아이디어 만들기, 모형 제작, 테스트 단계를 학습하였다. 이것을 기반으로 디자인씽킹을 적용한 소프트웨어 개발 프로세스 단계에 적용하고 실제 어플리케이션을 개발하여 그 결과를 함께 공유한다. 공유를 통해 다른 사람들의 아이디어를 보고 배우고, 개선할 점을 서로 주고받을 수 있다.

학습 목표

- 팀 활동 결과물에 대한 다른 학습자 및 교수자와의 상호작용으로 개선점을 도출한다.

1. 팀별 활동 발표

팀별 활동 발표를 위한 준비는 다음과 같다. 학습자들에게 발표 시간, 발표 시 제출할 내용을 평가 기준과 함께 공지하여 학습자들이 발표 준비를 할 수 있도록 한다.

- 팀 발표 준비
  - 팀별 발표 시간 10분 & Q&A 5분
  - 최종 결과물 발표
  - 최종 결과물 데모

- 발표 시 제출물
  - 발표 슬라이드
  - 데모 시나리오
  - 소스코드 및 실행 파일(프로젝트 파일)

2. 평가 기준

다음은 평가 기준의 예시로서 학습자들의 프로젝트 결과물, 프레젠테이션, 팀워크와 수행 과정에 대한 평가를 함께한다.

〈표 13-1〉 평가 기준

구 분	평가 내용 (각 10점)
결과물 (40점)	• 프로젝트의 목표가 잘 달성되었는가? • 프로젝트 결과물의 완성도가 높은가? • 프로젝트 결과물이 전체적으로 짜임새 있게 체계적으로 구성되었는가? • 많은 생각이 담긴 내용인가?
프리젠테이션 (30점)	• 발표자는 발표 내용을 정확하게 숙지하고 있는가? • 데모 시나리오를 통해 결과물에 대한 핵심 내용이 잘 전달 되었는가? • 질의에 대한 응답은 적절한가?
팀워크 및 수행 과정 (30점)	• 프로젝트 도중 발생한 이슈를 잘 극복하였는가? • 프로젝트 과정에서의 협동은 적절한가? • 프로젝트에서의 역할 분담은 적절한가?

3. 토론 및 활동 예시

[사례] 괄라딘 - 2019년 창의적 아이디어 설계 및 크리에이티브톤 경진 대회 수상 작품

〈사용자 스토리〉

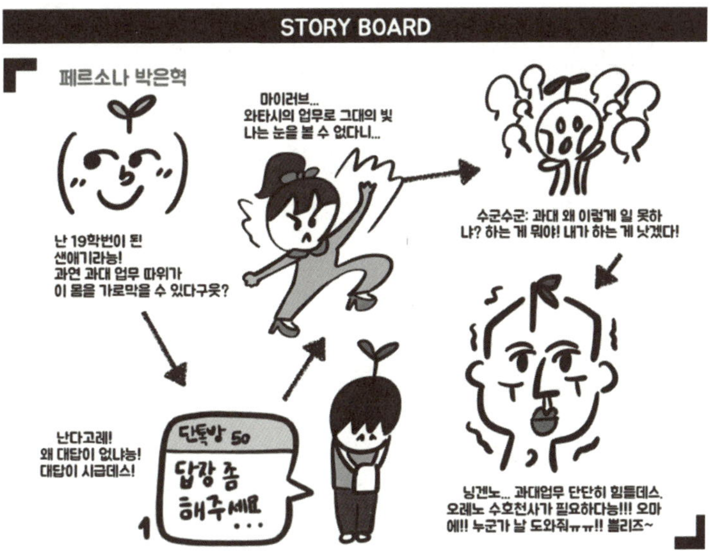

〈문제 정의 - 페르소나〉

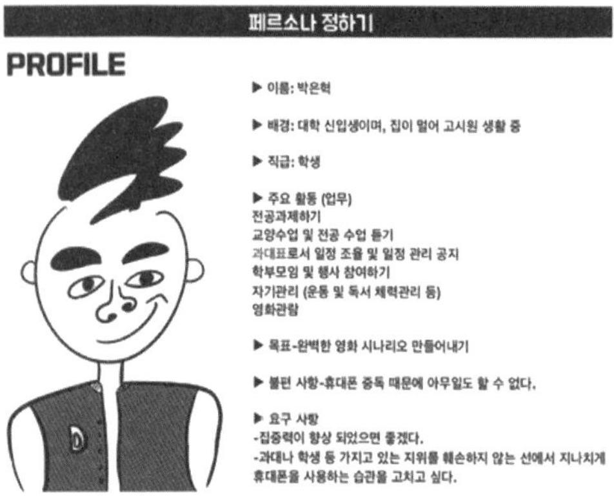

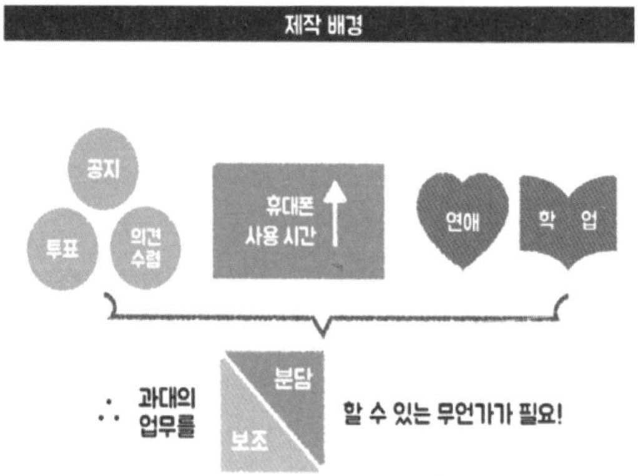

〈아이디어 산출 - 스캠퍼 이용〉

SCAMPER

S 대체 : **과대의 업무를** 앱으로 **보조한다**

C 합치기 : 에타의 시간표 공유 기능을 + **우리앱과 연동시켜 효율적으로 관리**

A 적용 : 키워드 알림**과 카카오톡의** 투표 기능

M 변경, 축소, 확대 : **과대의** 책임을 축소 **/ 구성원들의** 관심도와 적극성 확대

P 다른 용도로 써보기 : **동아리, 소모임 등 여러** 단체 활동에 활용 **가능**

E 제거 : **과대가 받은 공지 사항을 팀원에게 전달하는 과정 중** 불필요한 과정 제거

R 거꾸로 재배치 : 과대만 공지하지 않고, 일반 학우들도 **공지 요청할 수 있음**

〈기능 구조도〉

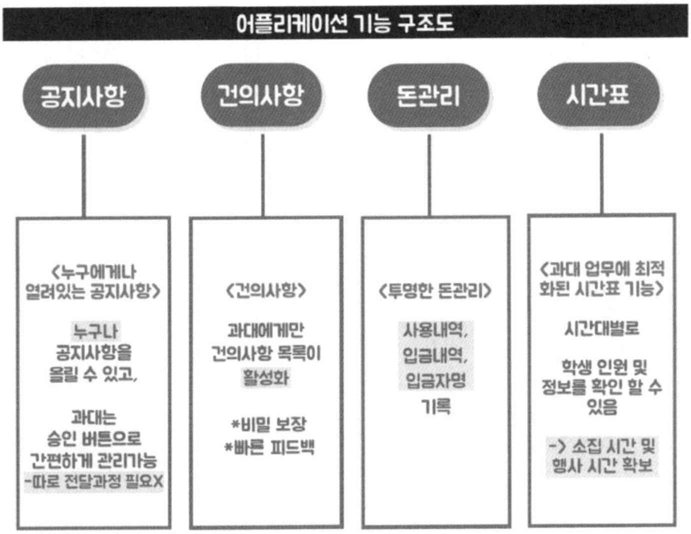

〈스크래치 코드로 구현〉

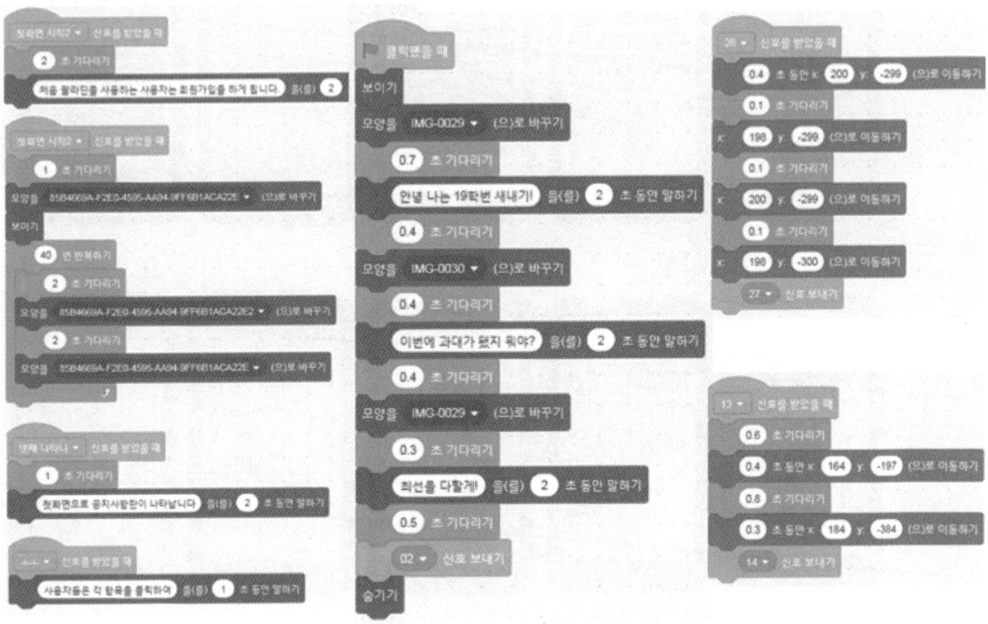

〈구현 결과물〉

어플리케이션 소개
괄라딘
과대
+
알라딘
'괄라딘' 은 과대의 업무를 보조해주는 앱으로,
에브리타임의 시간표를 연동시켜 효율적으로 관리
공지사항 란에 키워드 알림과 투표 기능이 있다.
또한 과대 뿐만 아니라 일반 학우들도 공지 희망사항이 있을 시 과대의
승인을 받아 앱으로 공지가 가능하다.
그동안 과대가 받은 공지사항을 팀원들에게
전달하는 과정 중 발생한 불필요한 과정을 제거했고,
무엇보다 동아리나 소모임 등 여러 단체활동에도 활용이 가능하다.
ID
PW
회원가입
ID/PW 찾기

홈화면
회원가입
공지사항
상세
관리
건의사항
공금관리
시간표
건의사항 보내기
일반 회원에게는 건의사항 목록 확인 칸이 비활성화 되어있다.
19학번 영화전공 계좌
총금액 - 7900,000
꾹누르면
강현성
권지현
최은교

디자인씽킹과소프트웨어문제해결편찬위원(가나다 순)

박소현, 백수진, 서응교

디자인씽킹과 소프트웨어 문제 해결 _ 예체능

2021년 2월 15일 초　판 발행
2023년 2월 15일 개정판 발행

지은이 _ 디자인씽킹과소프트웨어문제해결편찬위원회
펴낸이 _ 김수복
기　획 _ 남재걸
편　집 _ 성두현
마케팅 _ 박보혜
펴낸곳 _ 노스보스
등　록 _ 1968.2.27 : No. 제03-00095호
주　소 _ 경기도 용인시 수지구 죽전로 152
전　화 _ 031-8005-2402
팩　스 _ 031-8021-7154

값 17,000원

ISBN 978-89-7092-800-5 04560
ISBN 978-89-7092-796-1 (세트)